Croyez, Croyez, Croyez

Croyez, Croyez, Croyez

James Henry Lincoln Sr

Copyright © 2019 by James Henry Lincoln Sr.

ISBN: Softcover   978-1-77419-012-8

Dépôt légal : 20/09/2019

Tous les droits sont réservés. Aucune partie de ce livre ne peut être reproduite ou transmise sous quelque forme ou par quelque moyen que ce soit, électronique ou mécanique, y compris la photocopie, l'enregistrement ou tout système de stockage et de récupération d'informations, sans l'autorisation écrite du titulaire des droits.

Sauf indication contraire, tous les textes de l'Ancien Testament, première partie, copyright 1964, L'Ancien Testament amplifié, deuxième partie, droit d'auteur 1962.

Sauf indication contraire, toutes les citations des Écritures du Nouveau Testament sont tirées du Nouveau Testament amplifié. Copyright 1958, 1987 par la Lockman Foundation. 10 impression.

Ce livre a été imprimé aux États-Unis d'Amérique.

Pour commander des exemplaires supplémentaires de ce livre, contactez:
https://mapleleafpublishinginc.com
Pour commander: 1-(403)-356-0255

Éditer par: Maple Leaf Publishing Inc.
3rd Floor 4915 54 Street
Red Deer, Alberta T4N 2G7, Canada

Table des matières

Introduction ……..…………………………………….9-10

Chapitre 1: Pourquoi croire? …..…………………….11-14
Chapitre 2: Qu'est-ce que tu crois?..............................15-20
Chapitre 3: Qui crois-tu?..……………………………21-29
Chapitre 4: A ne pas croire...........………………..….30-34
Chapitre 5: L'incrédulité détruit votre repos.........……35-40
Chapitre 6: Le signe de la sainteté…..….……………..41-44
Chapitre 7: Se conformer à ce monde ou au Christ…..........45-50
Chapitre 8: Croyez ce que vous êtes......................……51-57
Chapitre 9: Le vrai repentir..............…………………58-62
Chapitre 10: Croire aux prophètes de Dieu…..................63-69
Chapitre 11: La protection dramatique du Seigneur..............70-85
Chapitre 12: Ce que le sang de Jésus-Christ vous dit..............86-91
Chapitre 13: Qui est béni et qui est maudit?.........................92-103
Chapitre 14: La réalité du Seigneur....................................104-110
Chapitre 15: Croire au rapport du Seigneur........................111-119
Chapitre 16: La sécurité des dévots…..................................120-128
Chapitre 17: Les prisonniers de guerre
           dans le corps du Christ…................................129-138
Chapitre 18: La peur du Seigneur..139-143
Chapitre 19: Qu'est-ce que la prière?....................................144-147
Chapitre 20: La communion avec le Père,
le Fils et le Saint-Esprit…..148-149

A propos de l'auteur...150-151

Ressources…………………………………………………..152

Je voudrais dédier Croyez, croyez, croyez
à ma femme, Gwen.

Je vois votre croissance qui continue,
et je sais que vous rencontrez des victoires
dans votre vie grâce à vous.
Croyez, croyez, croyez en la Parole de Dieu.

Je t'aime, Gwen
et je suis fier de toi.
Continuer à insister.

... ce livre vous fera croire en la parole de Dieu comme vous ne l'avez jamais cru auparavant!

Croyez, Croyez, Croyez possède une qualité de sermon claire, ce qui est approprié puisque le livre est écrit pour les chrétiens et les personnes intéressées par la foi chrétienne. À l'aide de citations de la Bible, d'analogies, de définitions du dictionnaire et d'expériences vécues, le texte avance de manière intense, en proposant un code de conduite basé sur l'obéissance à Dieu et à la Parole de Dieu. Comme Lincoln a déclaré à la fin de son introduction, «Je prie pour que ce livre vous fasse croire à la parole de Dieu comme vous ne l'aviez jamais cru auparavant».

Dans l'ensemble, la prémisse de Lincoln est assez simple: tout le monde devrait croire en Dieu et non en l'homme. Lincoln croit que si les lecteurs font le premier pas, tout le reste de leur vie sera uni. Ce faisant, Lincoln couvre presque tous les aspects du christianisme: la croyance: quoi croire, quoi ne pas croire, la croyance en Jésus-Christ, le bienheureux et le maudit, ainsi que d'autres idéaux distinctement chrétiens.

Les discussions les plus intéressantes de Croyez, Croyez, Croyez sont les attaques de Lincoln contre le diable. Lincoln le décrit comme un faux, un menteur et un porteur de division. Dans presque chaque chapitre, Lincoln prend le temps de se confronter au diable. «Les chrétiens et les non-chrétiens accusent Dieu d'accidents, de morts et d'autres tragédies de la vie», écrit Lincoln. "Était-ce Dieu ou était-ce le diable? La plupart des gens connaissent la réponse: le diable.» Une telle technique intelligente d'appel et de réponse est courante dans le christianisme, et Lincoln est très efficace et amusant quand il l'utilise à bon escient. Lincoln appelle à un engagement inconditionnel envers la foi chrétienne. Croyez, croyez, croyez est un bon livre.

Croyez, croyez, croyez

La victoire est dans votre cœur

Introduction

Beaucoup de chrétiens ne font pas confiance à Dieu pour répondre à tous leurs besoins. Leur croyance en Dieu est limitée. Certains croient que Dieu peut les guérir, mais ils ne peuvent pas croire qu'Il pourrait les prospérer ou changer leur enfant égaré.
Et Jésus, répondant, leur dit: "Ayez foi en Dieu (constamment). Vraiment, je vous le dis, quiconque dit à cette montagne: «Sois élevé et jeté à la mer» et ne doute pas du tout de son cœur mais croit que ce qu'il dit aura lieu, que ce sera fait pour lui. Pour cette raison, je vous dis, quoi que vous demandiez dans la prière, croyez (confiance et confiance) que cela vous est accordé et que vous l'obtiendrez » (Marc 11: 22-24).
Si vous avez une foi constante en Dieu et ne doutez pas du tout, vous aurez tout ce que vous demanderez dans la volonté de Dieu. Croire à Dieu et à la Parole de Dieu vous donnera les promesses de Dieu. Aucune montagne dans la vie ne peut s'opposer à la foi en Dieu. De la bouche de Jésus, nous recevons les instructions les plus directes et les plus pratiques concernant notre foi:

(a) que notre foi soit «en Dieu», notre père vivant et en accord avec sa volonté et sa parole;

Et

(b) que nous «croyons», ne doutons pas dans nos cœurs.

Ainsi, «parler» à la montagne n'est pas un vain exercice des lèvres, mais une libération appliquée des paroles créatrices de la promesse de Dieu d'agir dans la situation. Dieu a créé le monde, car il croyait que cela arriverait. Nous pouvons parler de notre monde à l'existence par la Parole de Dieu, si nous croyons, croyons, croyons que cela peut arriver.

Croire ne peut fonctionner pour vous que si vous avez foi en ce que dit la parole de Dieu. Lorsque vous croyez que Dieu existe et qu'il vous aime et veut répondre à vos besoins, votre croyance devient une action. En d'autres termes, vous agissez sur ce que vous croyez. Quand vous croyez que Dieu existe et vous aime, mais que vous ne pensez pas qu'il répondra à vos besoins, peut-être ceux de quelqu'un d'autre, mais pas les vôtres, vous êtes dans le doute ou l'incrédulité. Je prie pour que ce livre vous fasse croire à la Parole de Dieu comme vous ne l'aviez jamais cru auparavant.

Chapitre 1
Pourquoi croire?

… Si vous reconnaissez et avouez de vos lèvres que Jésus est Seigneur et si, dans votre cœur, vous croyez (adhérez à, faites confiance à, et vous fiez sur la vérité) que Dieu l'a ressuscité des morts, vous serez sauvé. Car avec le cœur une personne croit (adhère à, fait confiance à, s'appuie sur le Christ) et est donc justifiée (déclarée juste, acceptable pour Dieu), et avec la bouche elle confesse (déclare ouvertement et exprime librement sa foi) et confirme (son) salut (Romains 10: 9-10).

Croire corrige notre relation avec Dieu. En croyant et en confessant, vous serez sauvé. Vous vous positionnez pour être déclaré justice de Dieu, et également acceptable pour Dieu. Croire confirme également votre propre salut en Christ.

Pourquoi croire? Pour vous positionner dans le corps du Christ et la famille de Dieu. Lorsque vous croyez, vous ouvrez les bras de Dieu pour recevoir votre esprit, votre âme et votre corps. Croire vous positionne pour commencer à entendre chaque jour votre Père céleste. Pourquoi croire Vous vous positionnez pour recevoir les bénédictions d'Abraham sur votre vie, ainsi que sur celle de vos êtres chers. Pourquoi croire vous fait sortir du royaume des ténèbres et vous plante dans le royaume de Dieu. Croire vous ouvre la voie de la justice. Croire vous aidera à arriver à une reconnaissance et à une connaissance de la vérité. Ces femmes faibles écouteront quiconque leur enseignera; ils cherchent toujours et obtiennent des informations, mais ne parviennent jamais à reconnaître et à connaître la vérité (2 Tim. 3: 7). Pourquoi croire Vous reconnaîtrez que vous avez fait fausse route pendant des années. Tout le monde veut aller dans le bon sens dans la vie. Croire vous fera reconnaître que la vie en abondance est la bonne voie à suivre. Vous tirerez pour la vie supérieure en Christ Jésus et non pour la vie inférieure de Satan. Croire vous fera désirer la volonté de Dieu en pensée, en objectif et en action.Pourquoi croire Vous êtes faits à l'image de Dieu et non à l'image de Satan. Dieu est ton vrai père, Satan est un faux.

Pourquoi croire? Avec croire vient la victoire dans tous les domaines de votre vie.

Pourquoi Donc croire, vous pouvez être compétent et bien équipé pour chaque bon travail.

Pourquoi croire Parce que la Parole de Dieu est vivante et pleine de puissance qui vous apporte des bénédictions éternelles.

Pourquoi croire Vous seriez fou de ne pas croire la Parole de Dieu. Pensez à ceci: pensez à toute personne qui est née de nouveau. Qu'est-ce qui a changé cette personne? Qui a changé cette personne? Je sais que vous dites que je connais la réponse, mais le savez-vous vraiment?

Ce livre parle de croire, de croire, de croire. Si nous posions ces questions à deux personnes, vous obtiendriez deux réponses différentes, mais chacun de nous, qui est né de nouveau, a subi la même opération du cœur.

Pourquoi croire Lorsque vous croyez ce que dit la Parole de Dieu, vous êtes libéré. La liberté est une autre raison de croire en la Parole de Dieu. De quoi êtes-vous libre? Libre de la tromperie du diable. Libre des mensonges du diable. Exempt de maladie et de maladie attaquant votre corps. Lorsque vous croyez, vous êtes libre d'appeler et d'apporter vos bénédictions du royaume spirituel au royaume naturel. Vous obtenez la liberté d'être une superstar dans la classe de Dieu. Pouvez-vous voir pourquoi le diable veut que vous ne croyiez pas? Il est exposé lorsque vous choisissez de croire en la Parole de Dieu. Toutes les promesses de Dieu sont à portée de main lorsque vous choisissez de croire, croire, croire.

Pourquoi croire, pour que Dieu puisse commencer à vous montrer la réalité de sa parole d'une manière que vous n'avez jamais vue auparavant. Obtenez l'image, pourquoi le diable veut il vous garder dans l'incrédulité? Doutez et faites sans, mais croyez et recevez la liberté d'aider les autres à expérimenter les bénédictions de Dieu.

Vous serez libre d'avoir deux choses immuables de Dieu: sa promesse et son serment! Vous serez libre d'appuyer toute votre personnalité humaine sur Dieu en toute confiance et confiance en son pouvoir.

Pourquoi croire? Nous sommes alors libres d'entrer en sa présence comme nous ne l'avons jamais été auparavant, libre d'avoir une communion avec le Dieu Tout-Puissant à tout moment. J'espère que vous croyez, croyez, croyez, en la Parole de Dieu.

Car la Parole vous libérera, ceux que le Fils libère sont vraiment libres (Jean 8:36). Libre de connaître la vérité et rien que la vérité de l'évangile du Seigneur Jésus-Christ. Libre d'aider les autres à trouver le chemin, la vérité de la vie, et qui est Jésus lui-même.

Mais quand ils ont cru à la bonne nouvelle (l'évangile) sur le royaume de Dieu et au nom de Jésus-Christ (le Messie) tel que prêcher par Philippe, ils ont été baptisés, hommes et femmes. Même Simon lui-même croyait (il adhérait à l'enseignement de Philippe, avait confiance en lui et s'appuyait sur l'enseignement de Philippe) et, après avoir été baptisé, se consacrait constamment à lui. Et voyant les signes et les miracles d'un grand pouvoir en train de se réaliser, il fut complètement surpris (Actes 8: 12-13). Croire en la Parole de Dieu vous amène non seulement à voir un grand pouvoir, mais également à faire l'expérience d'un plus grand pouvoir dans votre vie. Croire vous fera consacrer votre vie à l'évangile du Seigneur Jésus-Christ. Je tiens à attirer votre attention sur ce grand pouvoir. Quel est ce grand pouvoir? Comment Dieu a joint et consacré Jésus de Nazareth avec le Saint-Esprit, avec force, avec puissance et pouvoir; comment il a agi pour faire le bien et, en particulier, guérir tous ceux qui ont été harcelés et opprimés par (le pouvoir) du diable, car Dieu était avec lui (Actes 10:38).

Ce grand pouvoir est le Saint-Esprit. Le diable est un menteur. Il n'a aucun pouvoir sur les croyants, car nous ne sommes pas ses enfants. Nous appartenons à Dieu! Pourquoi croire Parce que la grande puissance du Saint-Esprit est à votre disposition. La raison pour laquelle le diable se bat si fort pour vous empêcher de recevoir le Saint-Esprit est que le grand pouvoir qui l'a vaincu et vous aidera à le vaincre, c'est le Saint-Esprit. Tout croyant né de nouveau devrait recevoir et être rempli du Saint-Esprit. Jésus lui-même a dit aux disciples de ne pas bouger avant d'avoir reçu le Saint-Esprit. Considérez ceci: Marie, la mère de Jésus, faisait partie de ce premier groupe de cent vingt personnes qui ont reçu le Saint-Esprit.

Peter est passé d'un frère faible à un puissant guerrier après avoir reçu le remplissage du Saint-Esprit. Pouvez-vous voir pourquoi le diable a dupé le corps de Christ depuis si longtemps, concernant le remplissage du Saint-Esprit? Une maison divisée n'a aucun pouvoir. Attrape ça, saints (les mis à part): Nous avons été dupes, mais nous ne le seront plus.

Pourquoi croire? Parce qu'un grand pouvoir nous attend pour vaincre le diable chaque jour. Étude! Pourquoi croire? Être libéré par la Parole de Dieu. Pourquoi croire Ainsi, vous saurez que vous êtes les appelés, ce qui est la définition de l'Église. Nous devons savoir qui nous sommes en Christ Jésus. Qui sont les chrétiens? La définition officielle est celle des croyants en Jésus-Christ et non des incroyants. Pour croire, vous devez croire toute la vérité, pas la moitié ni les trois quarts, mais toute la vérité. Dieu est bon et tout ce qu'il fait est bon. Pourquoi croire? Jésus revient bientôt pour son Église, les appelés, et si vous êtes incrédule, vous ne pourrez pas partir avec lui. Si vous êtes incrédule, vous êtes un incroyant en Jésus-Christ, un non-Chrétien. L'Église, ou les appelés, sont des croyants en Jésus-Christ, le Corps du Christ, des chrétiens. Jésus ne fait que revenir pour son corps.

Pourquoi croire? Seuls les croyants reviendront au ciel avec Jésus. Voulez-vous que la colère de Dieu vous tombe dessus? Pensez à cette question. Croyez ce que la Parole de Dieu vous dit. Dieu t'a donné le choix. Croire apporte la victoire, le pouvoir, les promesses et le transport au paradis pour ceux qui sont appelés. C'est pourquoi vous devriez croire en la Parole de Dieu.

Chapitre 2
Que croyez-vous?

  Puisse le Dieu de votre espérance vous remplir de joie et de paix en croyant (à travers l'expérience de votre foi) que par la puissance du Saint-Esprit, vous pouvez abonder et déborder d'espoir (Rom. 15:13).
  Vous pouvez voir dans ce verset que croire à ce que dit la Parole de Dieu vous apportera toute la joie, toute la paix et tout l'espoir. Alors qu'en croyez-vous? Croyez-vous aux mensonges du diable ou croyez-vous à la vérité de la Parole? Dieu dit que si vous croyez, il vous donnera toute la joie. Cela signifie que vous serez rempli de joie dans n'importe quelle situation. Croyez-vous en toute joie? Nous avons un rôle à jouer, tout n'est pas Dieu. Quelle est notre responsabilité? Simplement que nous devons croire la Parole de Dieu. Cela semble facile, mais beaucoup de personnes non croyantes disent croire en la Parole de Dieu. Un exemple de ceci peut être trouvé dans le sujet de parler des langues. Certains croient à parler des langues et d'autres non. Actes 2: 4 dit, Et ils furent tous remplis (dispersés dans toute leur âme) du Saint-Esprit et commencèrent à parler dans d'autres langues alors que l'Esprit leur donnait une expression claire et forte (dans chaque langue) mots inappropriés. Si vous montez à Actes 2: 1, vous verrez qu'ils étaient l'Église du Nouveau Testament, qui a commencé avec 120 personnes. Croyez-vous que les langues sont pour nous aujourd'hui ou non? Sœurs et frères, permettez-moi de vous présenter une vérité. L'Église (les appelés) a commencé ce jour de la Pentecôte et ne s'est jamais arrêtée. L'une des manifestations de la puissance du Saint-Esprit est la parole. Dieu nous a donné des langues pour une raison. Viens sur Jude 20: Mais vous, bien-aimés, bâtissez-vous sur votre très sainte foi (progressez, montez comme un édifice de plus en plus haut), en priant-dans le Saint-Esprit (Jude 20).
Les langues prient dans le Saint-Esprit, ce qui vous construit et vous aide à progresser dans votre marche chrétienne.
Un peu plus tôt, j'ai dit que nous avons des incroyants dans le Corps du Christ.

La langue n'est pas un signe pour les croyants, mais pour les non-croyants. Voulez-vous croire ce que dit la Parole de Dieu ou ce que quelqu'un dit? Si vous pouvez trouver un homme ou une femme qui parle en langues, vous pouvez croire, à cause de la Parole de Dieu, que les langues sont pour l'Église aujourd'hui. Dieu ne fait pas acception de personnes (Actes 10:34).

Croyez, croyez et croyez! Croire apporte la paix dans votre vie. Jésus a dit que je ne te quitterai jamais ni ne t'abandonnerai (Josué 1: 5). En croyant ce que dit la Parole de Dieu, l'Esprit de paix vous saisira dans toutes les situations de votre vie. Ne choisissez pas ce que vous allez croire, croyez ce que la Parole dit complètement. Croyons à la Bible. Vous pouvez décomposer la Bible comme ceci: c'est le meilleur manuel d'instruction que nous puissions avoir.

Nous sommes le corps du Christ. Nous ne sommes pas baptistes, luthériens ni pentecôtistes, mais croyants. Les croyants qui croient que la Parole de Dieu est vraie et que Jésus-Christ est le Fils de Dieu. De plus, nous croyons qu'il est venu mourir à notre place afin que nous n'ayons pas à le faire. Dieu n'est pas un Dieu de dénominations. Les gens ont commencé des dénominations. Dieu dit que nous sommes le corps du Christ, point final. Pas le corps de Baptiste, ni le corps de toute autre dénomination. Dieu dit qu'il y a un seul corps et un seul corps, pas des corps de dénominations.

Réveillez-vous! La division est du diable. Nous ne sommes pas séparés, mais un, avec un seul Dieu et un seul médiateur entre Dieu et l'homme, et c'est l'homme, Jésus-Christ. Soit vous êtes un croyant en Jésus-Christ et la Parole de Dieu, soit vous êtes un incroyant. Être un incroyant apportera la mort dans votre vie, mais croire vous apportera une vie abondante. Ce que vous croyez détermine votre destin. Mort pour l'incroyant et vie pour le croyant, qu'allez-vous croire? La Parole de Dieu ou l'homme? Les voies et les pensées de Dieu sont plus élevées que nos voies et nos pensées.

Vérifie toi-même! Que crois-tu? En ce moment même, croyez-vous ce que la Parole de Dieu dit à propos de votre situation ou quelle tradition dit à propos de votre situation? J'appelle cela un test de vérité. Vous pouvez réussir ou échouer.

Si vous réussissez, la Parole de Dieu devient réelle pour vous et devinez quoi d'autre?

Jésus devient réel pour vous et une vie abondante se produit dans votre vie. Si vous échouez en ne croyant pas en la Parole de Dieu, Jésus ne deviendra pas réel pour vous et la mort se produira dans votre vie.

Croire en ce que dit la Parole de Dieu apportera une abondante bénédiction de l'évangile de Christ dans votre vie. L'Esprit de vérité, le Saint-Esprit, vous aidera à connaître la vérité qui vous libérera si vous le permettez. Votre volonté est impliquée, vous devez permettre au Saint-Esprit de vous révéler la vérité. Il ne vous imposera pas la vérité. En invitant le Saint-Esprit à vous vérifier la vérité, vous découvrirez si ce que vous croyez est conforme à la Parole de Dieu. Si ce que vous croyez ne correspond pas à la Parole de Dieu, alors vous devez changer.

La foi est un mot d'action. La Parole dit croire, et vous recevrez. Le mot croit (confiance, adhérer à, compter sur) se produit 98 fois tout au long de l'évangile de Jean. Le résultat assuré de cette croyance ou de cette foi en Jésus-Christ est la possession de la vie éternelle. Il y a des promesses pour chaque enfant de Dieu s'il croit la bonne chose. Dieu a dit qu'il réprimanderait le dévoreur si vous donniez la dîme. C'est une promesse, mais si vous ne croyez pas en la dîme, il ne pourra pas réprimander le dévoreur en votre nom. Si vous croyez que la dîme n'est qu'un caprice de l'Ancien Testament, vous ne pouvez pas profiter des avantages qui vous appartiennent dans la promesse. Vous ne pouvez pas recevoir de promesse si vous ne croyez pas que cela vous appartient.

Une autre vérification de la vérité! La Parole de Dieu exige-t-elle que nous donnions la dîme? Qu'est-ce que tu crois? Vérifiez la Parole et le Saint-Esprit pour la bonne réponse. Tout notre argent appartient à Dieu, mais quel pourcentage représente la dîme? La Parole de Dieu et le Saint-Esprit ne donnent que les réponses correctes. Le manuel est la Bible et l'auteur est le Saint-Esprit. Si vous faites une vérification de la vérité en utilisant ces directives du Saint-Esprit, alors seulement la Parole pourra- t-elle devenir importante dans votre vie? Lui, l'Esprit de vérité, vous maintiendra en position de bénédiction.

Appelle-moi et je te répondrai et te montrerai des choses grandes et puissantes, enfermées et cachées que tu ne connais pas (ne distingue pas et ne reconnais pas, ne connais pas et ne comprend pas) (Jérémie 33: 3).

Croire en la Parole de Dieu fera apparaître des choses puissantes, clôturées et cachées dans votre vie. Pour reconnaître, distinguer, connaître et comprendre la vie, vous devez croire ce que dit la Parole de Dieu. Croire est la clé d'un avenir grand et puissant. Quand vous faites appel à Dieu, soyez assez intelligent pour reconnaître que Sa réponse peut venir par Sa Parole.

Ce que vous croyez, c'est ce que vous recevrez. Si je ne crois pas que Jésus a porté toutes mes maladies, je ne les recevrai pas. Ma confession est que Jésus a porté toutes les maladies, donc je n'ai pas à en recevoir. Ce que je crois correspond à la Parole de Dieu. Si la Parole dit par les rayures de Jésus, nous sommes guéris, alors c'est ce que cela signifie.

Croyez et laissez la Parole de Dieu agir dans votre vie. Beaucoup de croyants ne laissent pas la Parole de Dieu agir dans leurs vies. Tous les dimanches, ils vont à l'église, mais quand même, défaite sans rendez-vous. Pourquoi? Je vais vous dire pourquoi. Ils ne croient tout simplement pas à la Parole de Dieu. Jésus a vaincu le diable et le diable n'a aucune autorité sur un croyant. C'est une affirmation vraie, mais pas une déclaration de réalité dans la vie de nombreux croyants qui confessent.

Nous croyons davantage à ce que dit le diable qu'à ce que dit la Parole de Dieu. La Parole nous appelle bienheureux, mais si vous demandez à la plupart des croyants comment ils vont, la réponse que vous obtiendrez le plus souvent sera: «Je vais bien.» Ma question est: «Qu'est-ce qui va bien?» Jésus a dit que nous étions bénis. Il est notre tête et nous sommes son corps. Cela étant, nous devrions dire ce que la tête dit à propos du corps. Mais beaucoup de croyants ne savent pas ce que dit la Parole. Lorsque vous savez ce que dit la Parole, vous devez croire ce que dit la Parole.

Qu'est-ce que tu crois? Dieu lui-même a pris le temps de mettre entre nos mains le manuel de la vie. La Bible est le seul manuel qui vous donne des instructions sur le fonctionnement de votre esprit, de votre âme et de votre corps. Frères et sœurs, il est impératif que vous croyiez ce que dit la Parole de Dieu. L'organisation de la Bible vous montrera qu'elle a été créée de manière surnaturelle. Choisissez n'importe quel sujet et Dieu vous donnera la vérité à ce sujet. Les médias produisent le produit du diable; la Bible produit le produit du Saint d'Israël.

Croyez-vous que les guérisons sont pour vous aujourd'hui? Si la maladie a envahi votre corps et que vous êtes en règle avec Dieu, je vous mets au défi de croire ce que dit la Parole de Dieu, que vous êtes guéri par ses meurtrissures. Croyez ce que dit la Parole de Dieu et toutes les promesses de Dieu seront les vôtres. Toutes les promesses de Dieu doivent être obtenues à travers votre croyance.

Un autre mot pour croire est la foi. Dieu dit que sans la foi, il est impossible de lui plaire. Une autre façon de le dire est qu'il est impossible, sans y croire, de plaire à Dieu. Catch cette vérité: Si vous êtes dans l'incrédulité, vous ne plaisez pas à Dieu. La Parole de Dieu est à jamais établie dans le ciel - et de plus, Dieu n'est pas un homme à dire ou à mentir (Nombres 23:19). La Parole de Dieu est réglée. Qu'est-ce que ça veut dire? La Parole de Dieu ne change jamais. Si nous avons des problèmes, alors nous devons nous vérifier nous-mêmes. Attrape cette vérité: Aucune maladie ou maladie ne peut rester dans le corps d'un croyant parce que Jésus a déjà porté toutes les maladies et maladies dans son corps. Si cela est dans son corps, cela ne peut pas être dans votre corps. Je te défie de croire que c'est dans son corps. Si vous pouvez croire que cela est dans Son corps, cela ne peut pas être dans votre corps. Si c'est dans Son corps, cela a quitté votre corps. Je te défie de croire à la Parole de Dieu!

Vous pouvez dire, mon frère, que je connais des gens qui sont malades et qui se disent croyants. La Parole de Dieu ne peut pas mentir! Une situation provoque la condition d'un mensonge dans la vie du croyant. L'ignorance est une condition. La plupart du temps, c'est la condition qui maintient le croyant malade. L'ignorance de la Parole de Dieu est une condition qui gardera un croyant malade. Lorsque la vérité entre dans la vie d'un croyant, la maladie doit disparaître.

Nous ne devons plus ignorer la tactique du diable. Nous sommes plus que des conquérants et des vainqueurs du monde en Jésus Christ (Romains 8:37). Croyez-vous les mensonges du diable? Ce livre est une sonnette d'alarme pour le Corps du Christ. Il est destiné à tous les membres du Corps, pas seulement aux pasteurs et aux enseignants, mais à tous.

Frères et sœurs, retournez voir l'histoire de l'Église. Le livre des Actes est un bon endroit pour commencer.

Je défie votre conviction: que croyez-vous, la Parole de Dieu, ou la tradition et le diable? Croire et recevoir la Parole de Dieu vous feras monter en flèche comme un aigle, Dieu nous a fait monter au-dessus du sol de la vie. Ce que nous croyons nous amène à nous élever au-dessus du sol de la vie ou à s'écraser sur le sol de la vie. Nous sommes responsables de la hauteur de notre vie ou de la baisse de notre vie. Nous pouvons choisir de croire et de recevoir et d'aller haut dans la vie, ou nous pouvons choisir de douter et de nous en passer et d'aller bas dans la vie.

C'est aussi un livre sur les choix. J'espère que vous faites le bon choix dans la vie! La Bible dit que l'aigle aime la vision. Nous, croyants, devons avoir la même vision que l'aigle. Nous ne devons jamais quitter les yeux de Jésus. Cela ne peut être accompli qu'en croyant ce qui est juste et en faisant ce qui est bien.

Nous devons regarder avec qui nous traînons. Certaines des personnes les plus spirituelles s'écartent (Jim Jones, par exemple). Regardez attentivement pour voir si vous êtes au pays des aigles, ou au pays des poulets. Si vous êtes au pays des poulets, votre statut de croyance doit être vérifié. Votre esprit a été enfermé dans l'incrédulité. Seul le rayonnement de la Parole de Dieu dans votre esprit peut renforcer la croyance en la Parole de Dieu. Votre esprit a été capturé par l'incrédulité du diable.

Encore une fois, que croyez-vous, en la Parole de Dieu, ou la tradition et le diable? La Parole de Dieu est à croire avant tout. C'est la parole de vérité!

Chapitre 3
Qui crois-tu?

Qui crois-tu? Vous pouvez dire: "Je sais qui je crois." Cela pourrait être vrai. Dans ce monde, trois voix vous parlent. Premièrement, la voix du Seigneur, deuxièmement, la voix de la chair; et troisièmement, la voix du diable. Savez-vous vraiment qui vous parle? A tout moment, l'un ou l'autre peut vous parler. Celui qui a le plus d'attention est celui que vous entendez le plus. Mettons quelque chose au clair: si vous ne passez pas de temps avec le Seigneur, vous ne reconnaîtrez pas sa voix. Quelle voix retient le plus votre attention, celle du Seigneur, celle de la chair ou celle du démon? Si c'est la voix du Seigneur, il vous dira des choses qui s'alignent avec la Parole de Dieu. La voix de la chair vous dira des choses qui vous plaisent. La voix du diable vous dira des choses qui s'alignent sur les plaisirs de ce monde.

Vous ne devez pas vous demander qui vous parle à un moment donné. La voix du Seigneur vous guidera par la Parole de Dieu! C'est l'un des moyens que vous pouvez savoir si vous entendez Dieu. Allez à la parole de Dieu. Si ce que l'on vous dit ne s'aligne pas sur la Parole de Dieu, accordez-le.

Un exemple de ce qu'il faut croire: la Parole dit de ne pas juger les autres, d'aimer tout le monde. Vous devez croire le meilleur de toutes les personnes. Ne les jugez pas! Parce que tout le monde est fait à l'image de Dieu, vous ne devriez haïr personne. Quelqu'un peut ne pas savoir qu'il ou elle a été créé à l'image de Dieu, mais le débat ne se poursuit pas. Ne vous trompez pas: une personne n'a pas à fonctionner à l'image de Dieu. La réalité demeure: tous sont créés à l'image de Dieu. À l'intérieur de chaque personne, la ressemblance de Dieu attend de naître. Une fois que nous sommes nés de nouveau, nous comprenons que nous avons l'image de Dieu tout le temps à l'intérieur de nous. Vous pourriez dire: «Je ne crois pas cela.» C'est bon! La Parole de Dieu dit, Dieu dit: «Faisons de nous (Père, Fils et Saint-Esprit) le genre humain à notre image, à notre ressemblance, et donnons-leur la pleine autorité sur les poissons de la mer, les oiseaux du ciel, les bêtes et l'ensemble de la terre et tout ce qui se glisse sur la terre » (Genèse 1:26).

Qu'allez-vous croire? Vous pourriez dire: «Je n'aime pas cette personne». Quelle voix écoutez-vous? La pensée ne vient pas d'apparaître. La voix que vous entendiez, qui ressemblait à la vôtre, était en réalité la voix de la chair ou du diable. Comment je sais ça? Parce que Dieu a tant aimé le monde qu'il a donné son Fils unique (Jean 3:16). Dieu est amour! Il ne déteste pas.

Qui crois-tu? Si vous permettez au Seigneur de vous contrôler, il fait le meilleur travail que vous puissiez imaginer: mais il a besoin de votre consentement. La chair et le diable ne demandent pas votre consentement, ils agissent sans votre permission. La chair et le diable sont preneurs, Dieu est un donneur. Regardez autour des grandes villes et vous verrez des gens vivre dans les rues. Vous êtes-vous déjà demandé pourquoi ces personnes sont dans la rue? Ce n'est pas à cause d'un manque d'éducation.

Laissez-moi vous emmener en voyage dans la voie spirituelle. La voix de la plupart de ces personnes a entendu toute leur vie, qu'elles pensaient être la leur et qui en réalité n'était pas la leur, appartenait à la chair ou au diable. Vous me demandez comment je le sais. Qui, dans son esprit, voudrait vivre dans la rue? Dieu a fourni à l'humanité une maison dès le premier jour. Quelle personne voudrait vivre comme ces personnes vivent? Vous ne pouvez pas trouver une personne.

Je sais que vous pensez "la plupart de ces personnes ne peuvent pas aider les circonstances de la vie." Oui, elles peuvent! S'ils commencent à croire que le Dieu suprême (El Elyon) les aime et qu'ils se tournent vers lui, alors tout se tournera vers eux. Je peux prouver ce que je viens d'écrire. Dans le livre d'instructions Avant de quitter la Terre, que vous pourriez reconnaître comme étant la Sainte Bible, vous trouverez un aperçu: Si mon peuple, appelé par mon nom, s'humilie, prie, cherche, sollicite et exige de force ma face et se détourne de ses mauvaises voies, j'entendrai des cieux, pardonner son péché et guérir son pays (2 Chroniques 7:14).

Dieu nous a mis en place! Si nous faisons quelque chose, il fera quelque chose. Les personnes vivant dans les rues à travers l'Amérique n'ont pas à continuer dans de telles circonstances. Si l'instruction décrite dans 2 Chroniques 7:14 est suivie, ces circonstances doivent partir.

Vous n'êtes pas obligé d'être né de nouveau pour appeler à Dieu. Il est le Créateur de l'humanité! L'exigence est de vous humilier, de prier, de chercher, d'implorer et d'exiger de force la face de Dieu.

Toute personne sur la terre peut faire cela. L'Amour de Dieu dit que vous n'êtes pas obligé de vivre comme vous vivez, mais si vous ne croyez pas ou ne lisez pas la Parole de Dieu, vous n'aurez jamais tout ce que Dieu voudra que vous ayez. La vie n'est pas aussi dure que l'humanité l'a faite c'est être. Dieu, dans sa sagesse, a établi le plan de match.

Si nous refusons de suivre le plan de jeu établi par Dieu, nous ne pourrons pas gagner le jeu de la vie. Nous considérons la Bible comme un livre étrange, mais c'est le livre à travers lequel Dieu nous parle. La Bible est le plan de jeu de Dieu pour chaque vie sur terre.

C'est très simple! Lorsque vous commencez à jouer au baseball ou au football, vous débutez dans la ligue peewee et vous progressez jusqu'au niveau des pros. Si vous êtes assez chanceux pour pouvoir faire appel aux Pros, mais que vous fassiez de mauvais jeux, vous risquez de provoquer la défaite de l'équipe et de vous blesser gravement. Si vous jouez mal dans la vie, vous serez vaincu par le diable et, pire encore, le jeu de l'éternité vous échappe.

Pouvez-vous comprendre le but de croire ce que la Parole de Dieu a à dire? Ne laissez pas la voix la plus importante (celle du Seigneur) passer inaperçue. Dieu parle encore aujourd'hui, mais la plupart des gens ne connaissent pas la voix de Dieu. Si nous prenons le temps de prier, de chercher et implorer Dieu, nous saurons alors à qui nous croyons. Vous saurez quand la voix de Dieu parle et quand c'est la voix de la chair ou la voix du diable qui parle. Les gens disent tout le temps: «J'attends que Dieu me dise quoi faire.» Dieu attend que vous lui disiez ce que vous allez faire. La Parole de Dieu dit: Appelez-moi et je vous répondrai et vous montrerai des choses grandes et puissantes, enfermées et cachées, que vous ne connaissez pas (ne discernez pas et ne reconnaissez pas, ne connaissez pas et ne comprenez pas) (Jér. 33: 3).

Chaque personne née sur cette terre a un but et un plan de Dieu. La seule façon pour vous de découvrir votre objectif est d'appeler Dieu. Les choses qui sont clôturées et cachées de vous attendent d'être trouvées. Dieu a le compagnon idéal pour vous, et si vous ne l'appelez pas, vous épouserez la première personne qui vient. Nous sommes dans une bataille!

Un côté est bon (Dieu) et un côté est mauvais (Satan). Chacun de nous commence la bataille du côté du mal, à cause de la chute d'Adam. Mais, à cause de la résurrection de Jésus, nous n'avons pas besoin de rester du côté du mal.

Dieu nous promet que si nous l'appelons, il nous montrera des choses que nous ne connaissons pas et que nous ne comprenons pas. Vous ne pouvez pas battre la bonté de Dieu! Dieu est le commandant en chef du bon côté et il compte bénir ses soldats pour un travail bien fait. Satan est le commandant en chef du côté pervers et il a l'intention de maudire ses soldats pour un travail bien fait. De quel côté serez-vous?

Moi-même, j'ai choisi le bon côté. Le diable n'a pas de nouveaux tours. La déception est la déception! Il a trompé Adam et Ève, et il trompe le monde depuis. Une pensée pour la journée: Si vous avez cru ce que la chair et le diable vous ont dit, la tromperie a eu lieu. Le bon côté est à la maison aux bénédictions et à la vérité. Les malédictions et les mensonges sont du côté du mal.

Le choix t'appartient. Qui êtes-vous prêt à croire? Une chose que je sais avec certitude, c'est que le Seigneur est bon et qu'il bénira son peuple. La preuve a été présentée au jury que Dieu est dans le domaine de la bénédiction. Allez-vous croire la voix de la chair et la voix du diable ou allez-vous croire la voix du Seigneur? La voix de la chair et la voix du diable vous éloigneront des bénédictions de Dieu, mais la voix du Seigneur vous mènera vers les bénédictions de Dieu.

Croyez ceci, Dieu essaie toujours de vous donner quelque chose! Il n'essaie jamais de prendre quelque chose. Dieu a mauvaise réputation. Croire que Dieu introduira des choses invisibles dans votre vie. Arrêtez! Reste tranquille Laissez l'Amour de Dieu vous envahir et vous placer au beau milieu de la volonté de Dieu pour votre vie. Il vous révélera le plan et le but de votre présence sur terre. Il vous donnera le scénario et ses anges sont chargés de veiller à ce que vous passiez du domaine de la vie au domaine de la grandeur en toute sécurité. Lorsque vous écoutez la voix du Seigneur, la grandeur vous rend visite!

La grandeur veut vous emmener de la dépendance à la Maison Blanche. La grandeur veut vous sortir du travail ordinaire et faire de vous le président de la compagnie. Vous ne pouvez entendre parler de grandeur que lorsque la voix du Seigneur parle. Vous ne pouvez pas entendre la grandeur quand la voix de la chair ou la voix du diable parle.

Vous pourriez dire: «Je connais beaucoup de grands hommes ou femmes aux États-Unis qui n'écoutent pas la voix du Seigneur.", C'est une fausse déclaration. La grandeur ne peut venir que lorsque vous vous soumettez à la volonté de Dieu et que vous le laissez-vous façonner pour devenir la personne qu'il veut que vous soyez.

Jésus a posé une question à ses disciples sur la grandeur. Il a répondu en disant que quiconque veut être grand dans le Royaume de Dieu doit d'abord être disposé à être un serviteur des autres. Servir les autres est gratifiant et enrichissant. Lorsque vous entendez et obéissez à la voix du Seigneur, la bonté et la miséricorde se manifestent dans votre vie. La bonté et la miséricorde vous suivront tous les jours de votre vie (Ps. 23: 6). Ils campent dans votre vie pour s'assurer que votre vie est enrichissante. Vous ne pouvez entendre le bien et la miséricorde que par la voix du Seigneur. Vous ne pouvez pas les entendre par la voix de la chair ou la voix du diable. J'ai de bonnes nouvelles. La bonté et la miséricorde vous recherchent, avec une bénédiction spéciale du Seigneur. C'est quelque chose à crier! Je ne peux pas vous dire quelle est cette bénédiction, mais ce que je peux vous dire, c'est que Dieu est un bon Dieu. Qu'il s'agisse d'une bénédiction petite ou grande, c'est une bénédiction portant votre nom. Si vous êtes capable de lire ce livre, c'est une bénédiction. Si vous êtes capable de marcher jusqu'à la banque, c'est une bénédiction: certaines personnes ne peuvent faire ni l'une ni l'autre. Si vous êtes capable de conduire une voiture ou une camionnette, c'est une bénédiction. Si vous avez un travail à faire, c'est une bénédiction.

Tout ce que nous avons nous a été donné par Dieu! Dieu est toujours en contrôle. Si vous choisissez d'écouter la voix de la chair ou la voix du diable, Dieu vous permettra de le faire. Vous pourriez dire: «Cela ne sonne pas juste.» Quoi qu'il en soit, Dieu n'a pas et ne veut pas enlever le droit de choisir de l'homme. Quoi que vous choisissiez dans votre vie, il vous permettra de le faire. En ce sens, Dieu est comme n'importe quel parent: vous êtes libre de choisir; Il ne vous obligera pas à faire le choix qu'il désire. Vous n'êtes peut-être pas là où Dieu vous veut, mais il ne vous fera pas grandir. La croissance de votre relation avec Dieu vient de croire et de recevoir de Dieu. Vous ne grandirez pas dans votre relation avec Dieu en croyant ce que disent la voix de la chair et la voix du diable.

Êtes-vous au niveau de votre vie chrétienne où Dieu veut que vous soyez? Si vous ne l'êtes pas, vous pouvez commencer aujourd'hui en lisant davantage la Parole de Dieu, en priant davantage et en jeûnant davantage. En priant et en jeûnant, vous entendrez clairement la voix du Seigneur. Augmentez votre jeûne et votre prière, et voyez le plan de Dieu pour votre vie se dévoiler sous vos yeux.

Vous pourriez dire: «Je ne peux pas distinguer la voix de Dieu de la voix de la chair ou du diable.» Je veux aborder une tradition religieuse: Dieu ne parle pas à votre esprit, Dieu parle à votre esprit. ! Je vais sauvegarder ce que je dis avec la Parole de Dieu. Regardons les Écritures. Romains 8: 16, L'Esprit lui-même (ainsi) témoigne avec notre propre esprit (nous assurant) que nous sommes des enfants de Dieu.

Qui est «l'Esprit Lui-même?» Il est le Saint-Esprit, et le Saint-Esprit est Dieu! Le Saint-Esprit vous donnera un témoignage intérieur de quelque chose, et c'est Dieu qui parle à votre esprit, pas votre esprit. Dieu est un esprit! Dieu parle directement à votre homme d'esprit, le vrai vous, et vous, dans votre esprit, avez l'urgence de faire ou de dire quelque chose. Mais Dieu ne parle pas directement à votre esprit. Les pensées qui vous viennent à l'esprit doivent s'aligner sur la Parole de Dieu et sur le plan de votre vie.

Vous dites que Dieu m'a dit d'aller en Caroline du Sud pour créer une église. Quand vous arrivez en Caroline du Sud, tout devrait être en place, car Dieu est un fournisseur. Si les choses ne sont pas, alors la chair ou le diable vous a parlé. Dieu ne te laissera pas pendre! Notre pasteur a reçu l'ordre de commencer un ministère il y a 20 ans. A-t-il entendu Dieu? Au début, il a prié et jeûné pendant trois jours pour s'assurer que c'était Dieu qui lui disait de commencer un ministère et non la chair ou le diable. Il a commencé avec 17 personnes et le ministère compte maintenant plus de 8 000 membres et est connu dans tout le pays.

A-t-il entendu Dieu? La preuve devant nous conclut qu'il l'a fait. Le diable n'aurait pas laissé ce ministère continuer pendant 20 ans, aidant les autres à se libérer de l'esclavage. Le diable n'est pas en train d'apporter la gloire à Dieu. Rappelez-vous Jim Jones, combien de personnes sont mortes dans le ministère de Jim Jones?

Dieu ajoute; Le diable soustrait. La Parole de Dieu dit: «Le diable est venu pour voler, tuer et détruire.» Ceux qui s'étaient attachés à Jim Jones ont vu leurs rêves tués et détruits, ainsi que leur corps physique. Nous pouvons dire la même chose à propos de la destruction de la branche des Davidians, à Waco, au Texas.

Une autre instruction dans la Parole de Dieu peut vous aider: Romains 8: 14. Tous ceux qui sont conduits par l'Esprit de Dieu sont des fils de Dieu. Si l'Esprit de Dieu vous conduit, alors vous saurez ce qui est faux et ce qui est vrai, car l'Esprit de Dieu est l'Esprit de vérité.

La vérité vous mène dans toute la vérité. Les deux incidents mentionnés ci-dessus montrent pourquoi il est important de connaître la voix du Seigneur. À chaque incident, la mort était la récompense finale.

Le diable ne joue pas, il sait que son temps est très court. Pourquoi voudriez-vous jouer, alors? Il est prêt à emmener autant de personnes qu'il le peut en enfer. Réveillez-vous! Le diable organise une fête pour tous ceux qui veulent le rejoindre dans l'étang de feu. Dieu, d'autre part, essaie de tout son cœur de nous faire connaître les plans du diable.

Si vous avez entendu un homme de Dieu (prédicateur) mais ne l'avez pas écouté, je vous en prie, écoutez s'il vous plaît! Nous sommes dans les derniers jours et le temps est compté. Chaque homme véritable de Dieu répand la révélation de la Parole que Dieu lui a donnée dans les derniers jours pour sauver votre âme de la destruction. Je n'essaie pas de faire peur à qui que ce soit, mais la réalité est une réalité. La Parole de Dieu est votre bouclier et votre bouclier. Cela vous gardera en sécurité. Cela mettra une abondance surnaturelle dans votre vie. Cela fera de l'ennemi votre marchepied. Cela fera changer vos proches. Cela fera de votre mariage une union heureuse. Il vous gardera maladie et maladie. Cela apportera de la richesse entre vos mains, pour que vous soyez une bénédiction dans le Corps de Christ. Cela vous amènera devant de grands hommes. Cela fera de vous le prêteur et non l'emprunteur. Cela vous fera être la tête et non la queue. Il faudra des personnes faibles et en faire des personnes fortes.

Cherchez Dieu de tout votre cœur! Vous devez vous donner de tout cœur à Dieu. J'ai dit que je n'essayais pas de vous faire peur, mais j'ai changé d'avis. Oui, j'essaie de vous faire peur! Je veux que vous vous battiez pour ce qui vous a été promis et ce qui vous appartient déjà dans le Corps de Christ. Si vous êtes né de nouveau, vous êtes dans l'armée de Dieu et toutes ces choses vous appartiennent.

Entends-moi! Satan ne vous aime pas et cherche à vous tuer, à voler et à vous détruire. Il est temps que tu te réveilles. Satan est le trompeur de l'humanité! Il ne vous aime pas plus qu'il n'aime Dieu.

La guerre (guerre spirituelle) est toujours en cours. C'est la plus longue guerre sur terre (plus de 2 000 ans). Nous avons un commandant en chef surnaturel (Dieu tout puissant), mais beaucoup dans le corps du Christ sont des prisonniers de guerre. Notre commandant en chef attend de tout pour ses troupes. La Parole de Dieu dit: Vous ne l'avez pas, parce que vous ne demandez pas (Jas. 4: 2). Beaucoup de soldats ne demandent pas parce qu'ils ne passent pas de temps dans la prière et ne connaissent pas la voix du Seigneur.

Tous les peuples reconnaissent la voix de leur père terrestre mais ne reconnaissent pas la voix de leur Père céleste. Qui crois-tu? Où est ton esprit? C'est ta conscience.

Le dictionnaire des exposants de la vigne dit que la conscience est cette faculté par laquelle nous appréhendons la volonté de Dieu, comme celle qui est conçue pour régir nos vies, d'où (a) le sens de la culpabilité devant Dieu; (b) ce processus de pensée qui distingue ce qu'il considère moralement bon ou mauvais, condamnant le bien, condamnant le mauvais, et incitant ainsi à faire le premier et à éviter le second.

Chaque personne a une conscience. Lorsque vous devenez croyant, votre conscience, qui était contre Dieu, est maintenant capable d'entendre la voix du Seigneur. Si vous êtes croyant, vous savez ce qui est moralement juste et ce qui est moralement mauvais. Cela dépend de ce que vous faites avec les informations une fois qu'elles ont été traitées en conscience. Si le Saint-Esprit vous contrôle, vous comprendrez, par l'appréhension de la présence de Dieu, que les chagrins doivent être supportés conformément à sa volonté. Cela se produira si vous êtes ou non contrôlé par le Saint-Esprit. De mauvaises actions attisent le chagrin dans votre conscience.

Pour que vous sachiez la volonté de Dieu, Dieu a pourvu à son Saint-Esprit, mais vous devez reconnaître l'inspiration du Saint-Esprit dans votre conscience. Dieu est un bon Dieu. Il n'a jamais eu l'intention de faire subir à l'humanité un malheur. La conscience d'Adam était moralement bonne jusqu'à ce qu'il mange de l'arbre de la connaissance du bien et du mal. Une fois qu'Adam a péché contre Dieu, ses yeux se sont ouverts au moral et au moral. Il voyait la nudité d'Ève comme moralement mauvaise.

Dans les vignes, la connaissance est définie de manière à percevoir pleinement, ou à noter attentivement. Comprenez-vous pourquoi Dieu n'a pas voulu qu'Adam et Ève mangent de l'arbre de la connaissance du bien et du mal? Une fois qu'ils l'ont fait, ils ont commencé à percevoir le bien et le mal moralement. Ils ne connaissaient pas le mal avant de manger de l'arbre.

Dans ce monde, on appelle les choses mauvaises qui sont bonnes et les bonnes choses qui sont mauvaises. Dieu est moralement bon! Comment peut-il avoir une communion avec ses enfants, si parfois ils sont moralement bons et parfois ils sont moralement mauvais? Cela ne pourrait pas arriver! C'est pourquoi Jésus est venu sur terre: pour détruire les œuvres du malin.

Le diable (moralement mauvais) a introduit Adam et Ève à sa nature. Il n'y a qu'une seule lignée et elle vient d'Adam et Ève, qui sont les premiers parents. Il a été prouvé que tous les êtres humains, toutes les races et toutes les cultures, ont la même lignée. Lorsque nos premiers parents ont commis une haute trahison, le bien et le mal ont été autorisés à coexister sur la terre, mais avant la chute de l'humanité, seul le bien existait. La Parole de Dieu dit que tout ce qu'il a créé était non seulement bon mais très bon. Dieu ne peut pas être en présence de mauvais; pour cette raison, il a expulsé Adam et Ève du jardin d'Éden. Tout allait bien jusqu'à ce qu'ils laissent le mal faire partie de leur nature.

Dieu est en contrôle et Satan veut être en contrôle. Dieu permet au diable de nous tester. Il appartient à chacun d'entre nous de lui prouver que le diable a tort et que Dieu a raison. Voulez-vous laisser le Saint-Esprit vous guider pour entendre la voix du Seigneur? Vous n'avez pas à vous contenter de la vie naturelle (inférieure), toute la vie surnaturelle (supérieure) vous attend. Amitié avec Dieu afin que vous puissiez connaître la voix du Seigneur et lui répondre d'une manière aimante et bienveillante.

Je vous demande de vous concentrer dans votre cœur pour permettre au Saint-Esprit d'avoir une voie libre dans votre vie. C'est un nouveau jour! Permettez au Dieu Tout-puissant d'avoir le contrôle total de votre vie, vous ne serez plus jamais les mêmes.

Chapitre 4
Ce qu'il ne faut pas croire

Ce que nous croyons ou ne croyons pas affecte tous les domaines de notre vie. Pas un domaine de votre vie n'est épargné, pas un. Ce que vous croyez ou ne croyez pas aura un impact sur vous en tant que personne entière. Par exemple, ceux qui ont appris dans leur enfance qu'ils n'auraient pas beaucoup à faire s'efforceraient presque toujours, sans le savoir, de rendre cette fausse affirmation vraie. La fausse déclaration, «vous ne valez pas beaucoup», est quelque chose que vous ne voudriez pas croire en votre vie. Savez-vous qui est derrière ce mensonge? Le diable est celui qui se cache derrière ce mensonge.

Dieu nous a créés à son image. Chaque être humain est capable d'être la meilleure personne sur terre parce que nous avons été créés à l'image de Dieu. Que veut dire la Bible par image? La Bible dit que nous sommes créés à l'image de Dieu, mais vous devez vous poser la question suivante: qu'est-ce qu'une image? L'une des définitions de l'image est une ressemblance exacte. Nous devons être exactement comme Dieu à l'intérieur. Ce qui est à l'intérieur de nous produira ce qui se passe autour de nous. Alors vous dites: "Ce n'est pas vrai. Je ne peux pas produire ce qui se passe autour de moi." Alors, qu'est-ce que vous choisissez de croire ou de ne pas croire?

Quelques exemples de choses à ne pas croire: ma femme ne m'aime pas parce qu'elle a choisi de dormir ce soir plutôt que d'avoir des relations sexuelles, ou mon mari ne m'aime pas parce qu'il a choisi de dormir ce soir plutôt que d'avoir des relations sexuelles. Votre femme ou votre mari aurait pu passer une journée difficile au travail. Leur amour pour vous n'a rien à voir avec le fait qu'ils ne veulent pas avoir de relations sexuelles.

À l'intérieur de vous se trouve la bonne image. Si l'amour est à l'intérieur de nous, nous penserons le meilleur de chaque personne. Nous ne penserons pas que nos épouses ou nos maris ne nous aiment pas simplement parce qu'ils ne veulent pas avoir de relations sexuelles. Si vous choisissez de ne pas croire que nous sommes faits à l'image de Dieu, vous produirez de l'intérieur ces images attribuées au diable et non à Dieu.

Mentir vient du diable. La Bible dit que le diable est le père du mensonge. Il n'y a pas de vérité en lui. Alors, pourquoi diable continuons-nous de le croire? La Bible dit que le vin est un moqueur. La boisson forte est un bagarreur. Et quiconque est égaré par elle n'est pas sage (Proverbes 20: 1).

Ceci est la Bible, pas ma propre opinion. Je ne fais que répéter ce que dit la Bible. Pourquoi continuons-nous à boire et pensons-nous nous amuser? La personne égarée par le vin ou une boisson forte n'est pas sage, si vous n'êtes pas sage, alors vous êtes imprudent. Un autre mot pour imprudent, c'est être un imbécile.

Dans notre ville, nous avons une nouvelle équipe de baseball. J'ai récemment emmené mon fils à un jeu et tellement de gens buvaient de la bière comme si c'était de l'eau. C'est un bagarreur, la bière est venue se bagarrer contre vous. Un autre mensonge du diable: la bière est bonne. Quelque chose ou quelqu'un assigné à se bagarrer contre vous n'est ni amusant ni bon.

Pouvez-vous voir comment ce mensonge détruit beaucoup de gens? Ils commencent avec le vin et passent à la bière, puis à des boissons plus fortes. Chaque étape augmente leur capacité à se bagarrer avec eux-mêmes. Ils deviennent hors de contrôle et sont contrôlés par ce qu'ils boivent. La vérité est qu'ils ont permis à quelque chose de contrôler leur vie autre que Dieu. La réalité est que la bière ou la boisson forte devient leur Dieu au lieu du Dieu vivant, qui a tout ce que vous voulez ou dont vous avez besoin. Un verset de la Bible dit que l'Esprit de vérité vous enseignera toutes choses (Jean 14:26). L'Esprit de vérité est le Saint-Esprit, ou l'Esprit de Dieu, Dieu lui-même! Ne croyez pas le diable qui est venu pour vous tuer, vous voler et vous détruire dans tous les domaines de votre vie.

Regardez autour de vous dans n'importe quelle ville des États-Unis d'Amérique et vous verrez des preuves de son vol et de la destruction de la vie des Américains. Les sans-abri croient qu'ils sont sans abri et qu'il n'y a nulle part où vivre, mais s'ils venaient à Jésus et se rendaient, il pourvoirait à tous leurs besoins. Jésus nous a donné la vie, et pas seulement la vie, mais la vie en abondance.

Jésus a dit qu'il ne nous quitterait pas et ne nous abandonnerait pas (Jean 14:18). Si vous choisissez de ne pas croire que Jésus est venu pour vous donner une vie abondante, vous ne recevrez jamais une vie abondante.

Vous avez opté pour les mensonges du diable et l'avez autorisé à opérer dans votre vie. Le diable profite de votre faiblesse. La plupart des gens connaissent l'histoire d'Ève. Le diable a profité de sa faiblesse et, pareillement, il profitera de votre faiblesse. Si vous ne le voulez pas dans votre vie, alors choisissez pour lui de ne pas opérer dans votre vie et ne croyez pas ses mensonges. Vous pouvez dire que je ne crois pas cela. Eh bien, revenons à la Bible. La Bible dit que la mort et la vie sont au pouvoir de la langue (Proverbes 18:21).

La vie d'une personne reflète en grande partie le fruit de sa langue. Parler de vie, c'est parler du point de vue de Dieu sur toute question de la vie; parler de mort, c'est déclarer les choses négatifs de la vie, déclarer la défaite ou se plaindre constamment.

Jésus aiderait-il toujours une personne sans abri qui est venue à lui sans lui remettre son cœur? Cette question a été répondue à plusieurs reprises. Jésus peut et va aider cette personne jusqu'à un certain point, mais l'aide peut être limitée si la personne sans abri n'a pas livré son cœur à Jésus.

Avez-vous vu des gens qui semblent ne jamais le comprendre dans la vie? Très probablement, ils n'ont pas livré leur cœur à Jésus. Jésus est la porte du Dieu Père. Tout son corps doit pouvoir pénétrer dans ton cœur. Ceux qui ne permettent pas à Jésus d'entrer dans leurs cœurs font face à un grand danger. Ils croient qu'ils peuvent régler eux-mêmes les problèmes de la vie. Ceci est un exemple de quoi ne pas croire.

Nous n'avons pas été faits pour porter la charge. Mettez votre casquette de réflexion et réfléchissez à la phrase suivante: Adam n'a pas été sevré de Dieu, il a choisi de se sevrer, en écoutant Ève, qui avait écouté le diable! Adam avait tous les outils physiques, mais pas les outils spirituels pour survivre. Quand Dieu a sorti Adam du jardin d'Éden, Adam n'avait pas été sevré, il n'avait pas tous les outils spirituels pour combattre ce que le diable lui jetterait. Il aurait pu vivre environ 900 ans environ physiquement, mais pas spirituellement.

La plupart des gens n'ont jamais laissé Dieu les sevrer. Nous ne pouvons être sevrés que par une intimité avec le Dieu Tout-Puissant. Nous devons être équipés d'un équipement spirituel pour pouvoir combattre efficacement le diable. Dieu tient le matériel de combat dans sa main.

La plupart des gens pensent qu'ils peuvent réussir seuls dans ce monde. Cependant, la vérité est que seule une confiance totale et sans réserve dans le Seigneur Vivant vous empêchera d'être engloutie par les systèmes de ce monde, et par le diable lui-même. L'abandon est la clé qui ouvre la voûte de Dieu. Choisissez de ne pas croire et vous n'aurez pas les trésors les meilleurs et les plus profonds de Dieu. Nous avons une génération de jeunes hommes et de femmes, résolus et indépendants, dans le vocabulaire duquel le mot «reddition» n'apparaît pas.

Penser que vous pouvez couvrir vous-même toutes les bases vous coûtera le jeu le plus important de votre vie. Certaines bases ne seront pas couvertes par volonté personnelle, d'autres par indépendance et d'autres encore par fierté. Même si vous chargez les bases, vous ne recevrez pas un grand chelem, car vous ne vous êtes pas complètement rendu à Jésus. Vous laisserez les bases de la vie chargées à chaque fois.

Abandonner n'est pas un mot populaire, mais pour avoir le meilleur de Dieu pour votre vie, vous devez dépolariser le mot et vous rendre. Quoi ne pas croire? Ce libre arbitre est la meilleure voie à suivre. Échanger votre volonté contre la volonté de Celui qui a créé le ciel et la terre est plus une bonne affaire pour vous que de vous en tenir à votre volonté.

Lorsque nous échangeons notre volonté contre la volonté de Dieu, nous fonctionnons selon une représentation tangible ou visible de lui. La représentation visible de lui est l'image que tout le monde devrait voir dans un enfant de Dieu. C'est pourquoi il est important que le diable vous fasse croire à un mensonge, cela enlève à votre représentation visible de Dieu. Jésus était une représentation visible de Dieu le Père quand il marchait sur la terre, et nous devrions l'être aussi. Nous, l'église (les appelés) devons être une représentation visible du Christ au monde.

Notre image nous a été donnée pour que nous puissions faire quelque chose avec. Nous sommes une représentation visible du Corps du Christ sur la terre. Si vous croyez que vous n'êtes pas la représentation visible de Christ, vous ne le serez jamais. Mais si vous croyez être la représentation visible de Christ, alors vous le serez.

C'est si simple: abandonnez tout ce que vous êtes au Seigneur et regardez-le faire de vous tout ce que vous pouvez être dans le Seigneur. Le retour est génial! S'il vous plaît ne croyez pas que vous êtes juste la saleté, ou que vous n'êtes rien. Nous ne sommes que de la terre parce que nous venons de la terre, mais en même temps, nous sommes plus que de la terre. «Je ne suis que saleté» est la croyance fausse Nous, enfants du Dieu suprême, sommes plus que vainqueurs, vainqueurs du monde.

Confessez la Parole de Dieu sur vous et vos êtres chers. Ne croyez jamais que vous n'avez pas de raison de vivre. Dieu a créé tout le monde avec un but! Votre travail consiste à trouver le but de votre vie. Dieu nous a tous créé avec un but. Qu'est-ce qui est à toi? Ne croyez pas que vous étiez un accident.

Peut-être que vos parents n'ont peut-être pas prévu de vous avoir lors de votre naissance, mais Dieu vous a planifié depuis longtemps, avant la fondation de la terre.

Dieu a besoin de personnes pour réaliser ses plans sur la terre. L'intimité avec le Tout-Puissant vous fera connaître sans aucun doute le plan et le but de votre vie. Quoi ne pas croire? Que tu es juste ici sur terre sans avenir. Quoi ne pas croire? Les mots du monde.

Quoi croire? La parole de dieu Cela vous prendra, vous gardera, vous fortifiera, vous aidera à mûrir en Dieu. Vous devez croire quelque chose dans la vie, pourquoi ne pas en faire la Parole de Dieu? Confessez quotidiennement la Parole de Dieu sur vous-même. Cela changera votre image de vous-même en image de Dieu de vous.

Chapitre 5
L'incrédulité détruit votre repos

L'incrédulité est l'ennemi de la croyance. La croyance est l'assurance calme et la paix au milieu de la tourmente, des conflits et de la confusion. Les Écritures disent: Travaillons donc pour entrer dans ce repos, de peur qu'un homme ne tombe après le même exemple d'incroyance (Héb. 4:11). Si vous êtes dans l'incrédulité à propos de tout ce qui concerne Dieu, votre repos en Dieu est interrompu. Le dictionnaire collégial de Merriam Webster décrit le repos comme une absence de toute activité ou de tout travail. Pensez à cette description pour un moment. Si vous êtes dans l'incrédulité concernant la Parole de Dieu, vous ne profitez pas de la liberté d'activité ou de travail. Dieu dit qu'il est notre bouclier. Si nous ne laissons pas Dieu être notre bouclier pour une raison quelconque, alors tout le travail dans lequel nous nous engageons est ressenti directement par nous.

Pourquoi voyez-vous des chrétiens et des non-chrétiens en dépression? La principale raison de cette action est l'incrédulité. Nous pouvons l'appeler n'importe quoi sous le soleil, mais nous n'avons pas été faits pour être séparés de Dieu. Dieu est le concepteur de l'humanité. Nous devons croire ce que le concepteur a dit de faire. Nous devons rester en contact avec Dieu pour pouvoir nous reposer. L'incrédulité détruit ce repos.

Je veux que vous réfléchissiez un instant à la phrase suivante: vous ne pouvez pas prendre une pièce de marque Chevrolet et la mettre sur une Ford. Ça ne marche pas comme ça. Nous sommes faits pieusement! La plupart des gens, chrétiens et non chrétiens, essaient de servir un dieu impie, Satan. Cela ne peut pas être fait dans le sens où tous les avantages bénéfiques appartiennent à Dieu. Il est un juste récompensé de ceux qui le cherchent diligemment. Satan a tous les inconvénients, et il récompense aussi ceux qui le cherchent diligemment.

Arrêtez-vous et pensez à l'incrédulité. Maintenant que vous avez pensé à l'incroyance, laissez-moi vous dire ce que le dictionnaire collégial de Merriam Webster dit que l'incroyance est une incrédulité ou un scepticisme, en particulier en matière de religion.

La Parole de Dieu dit qu'il est impossible de plaire à Dieu sans foi. Pouvez-vous voir pourquoi le diable veut que tout le monde soit incrédule? Parce que si vous opérez dans l'incrédulité, alors vous annulez votre foi et vous ne faites pas plaisir à Dieu. Cela rend le diable heureux parce qu'il aime une personne qui n'est pas agréable à Dieu. Vous êtes alors un vaisseau que le diable peut utiliser. Au lieu d'opérer dans la foi comme un Dieu agréable, vous agissez maintenant dans l'incrédulité et déplaisant à Dieu.

Lorsque vous opérez dans l'incrédulité, vous agissez contrairement au caractère chrétien. Un autre mot pour l'incrédulité est le doute. Vous pouvez dire que vous n'avez pas confiance en la vérité de la Parole de Dieu. L'incrédulité est un doute authentique, basé sur des soupçons que le diable a placés dans votre esprit. La Parole de Dieu dit:
Et ne soyez pas conformés à ce monde, mais soyez transformés par le renouvellement de votre esprit, afin que vous puissiez prouver quelle est cette volonté bonne, acceptable et parfaite de Dieu (Rom. 12: 2).

L'incrédulité ne veut pas que vous renouveliez votre esprit. Renouveler implique la restauration de ce qui était devenu fané ou le retour à un état original. L'incrédulité détruit votre esprit et prive Dieu de sa place dans votre vie.

Dieu vous donne le plan, Sa Parole, qui vous permettra de vous débarrasser de l'incrédulité et du doute. Je vous prie, par la miséricorde de Dieu, de vous débarrasser de l'incrédulité. Le Dieu d'Abraham, le Dieu de Jacob, le Dieu d'Isaac veut que vous vous engagiez envers lui. Lorsque vous vous engagez pleinement dans la vie de Dieu, rien d'entourant, mais de dire Jésus, je veux recevoir tout ce que vous avez fait au Calvaire et je vous en remercie en vous permettant d'être Seigneur pour ma vie, le chemin pour croire, croire, croire ce que dit la Parole de Dieu.

L'incrédulité vole Jésus d'être le Seigneur de votre vie. Jésus est mort pour vous donner non seulement la vie mais la vie plus abondamment. L'incrédulité lui enlève le droit complet de vous représenter à la cour céleste. Ne vous méprenez pas, Jésus nous représente toujours, mais l'incrédulité interrompt sa liberté d'agir en notre nom au bon moment.

Si vous êtes attaqué avec un rhume et que vous ne croyez pas que vous pouvez être guéri par les meurtrissures de Jésus, alors à ce moment-là, vous empêchez Jésus d'agir librement pour vous contre l'avocat adverse, le diable. Si seulement vous pouviez voir avec les yeux spirituels qui vous ont été donnés. Chaque jour, Jésus agit au nom de l'un de nos frères ou sœurs. Il le fait avec la foi que vous lui envoyez ou l'incrédulité que vous lui envoyez. De toute façon, il doit se tenir contre notre ennemi, le diable dans la cour céleste et nous défendre devant le juge de tous les juges, Dieu le Père céleste.

Croyez la Parole de Dieu. C'est très important que vous le fassiez. Votre destin spirituel et votre avenir éternel dépendent de vous, vous n'agissez pas dans l'incrédulité. L'incrédulité mine votre relation avec Dieu. Vous ne pouvez pas avoir une relation forte avec quelqu'un en qui vous n'avez pas confiance. Votre protection est liée à votre croyance en Dieu et qui il est. Les Écritures nous disent:

Maintenant, voyez que moi, même moi, et il n'y a pas de Dieu à part moi; Je tue et je rends vivant; Je blesse et je guéris; et il n'y a personne qui puisse délivrer de ma main (Deut. 32:39).

L'incrédulité entraîne un compagnon, la déloyauté et la conviction un compagnon, la loyauté. Dieu cherche à se montrer fort au nom de ceux qui opèrent dans la loyauté par rapport à ceux qui opèrent dans la déloyauté. Opérer dans l'incrédulité vous a poussé à vous opposer au créateur du ciel et de la terre. Dieu est un bon Dieu. Dieu est plus que suffisant. Il est un bouclier pour ceux qui mettent leur confiance en lui. Car les yeux du Seigneur se promènent sur toute la terre, se montrer fort au nom de ceux dont le cœur lui est loyal (2 Chron. 16: 9).

Votre repos est détruit si vous vous inquiétez des circonstances du monde. Si Dieu court sur toute la terre pour se montrer fort, alors vous pouvez être assuré que tout ira bien pour vous.

Nous avons examiné la définition du terme repos dans le dictionnaire Merriam Webster. Passons maintenant à l'examen de la vigne. Le repos dans la vigne n'est pas un «repos» du travail, mais du travail, pas le reste de l'inactivité, mais le travail harmonieux de toutes les facultés et affections, de volonté, de cœur, d'imagination, de conscience, parce que chacun a trouvé en Dieu l'idéal sphère pour sa satisfaction et son développement.

Sans le fabricant, qui est Dieu, vous ne pouvez pas avoir ce que j'ai décrit. Ce repos n'est pas pour quelqu'un qui agit dans l'incrédulité.

Dans la vigne également, l'incrédulité est toujours traduite par la désobéissance. Dieu honore l'obéissance, il n'honore pas la désobéissance. Dieu honore la croyance, il n'honore pas l'incrédulité. La désobéissance ne veut pas être persuadée. La Parole de Dieu, si véritablement examinée, persuadera quiconque que Dieu est un bon Dieu, et qu'Il a envoyé son Fils dans le monde, non pas pour condamner le monde, mais pour que le monde soit sauvé par le Fils.

Beaucoup de gens, chrétiens et non chrétiens, entrent dans la catégorie des désobéissants. Beaucoup de chrétiens ne sont pas persuadés de tout l'évangile, ils acceptent la partie, mais pas tout l'évangile comme la vérité. Une grand-mère pieuse qui n'agit pas dans tout l'évangile peut persuader les chrétiens que l'évangile n'est pas vrai, tout comme les non-chrétiens peuvent être persuadés par le monde que cet évangile n'est pas vrai. Dans les deux cas, l'esprit de désobéissance est en marche.

Votre avenir éternel est en jeu. Il est très important que vous ne fonctionniez pas dans un esprit de désobéissance. Quelle est l'une des causes de l'incrédulité? La réponse se trouve dans Hébreux 3:12. Dieu a dit qu'un cœur mauvais est la cause directe de l'incrédulité. Vous pouvez dire: «C'est bien, mais je ne peux pas avoir un cœur mauvais, je suis sauvé depuis 15 ans.» Bien, vous le pouvez! Si vous n'avez jamais permis au Saint-Esprit de Dieu d'examiner votre cœur (âme, esprit), vous agissez avec le même cœur avec lequel vous êtes entré dans le Royaume de Dieu. Lorsque vous êtes né de nouveau dans le Royaume de Dieu, votre esprit était la seule chose qui a changé à l'image de Dieu. Votre âme, votre corps et votre esprit ne sont pas sauvés. Votre esprit a été sauvé, qui est le vrai vous!

Par conséquent, méfiez-vous de vos frères, faites attention de ne pas laisser en vous un cœur méchant et incrédule (qui refuse de s'attacher à lui, de se fier à lui et de se fier à lui), vous amenant à vous détourner du désert ou à vous éloigner de Dieu vivant (Héb. 3:12).

Une autre cause d'incrédulité est un péché. Qu'est-ce qu'un péché? Une définition du péché dans la vigne est un acte de désobéissance à la loi divine. Une autre définition manque la marque. Dieu a déjà établi comment nous devons vivre selon sa parole. Nous manquons la cible en ne suivant pas ses instructions, qui pèchent contre Dieu.

Beaucoup de gens, l'église et les non-églises, tombent dans cette catégorie, péchant contre Dieu. Beaucoup n'ont aucune idée de ce que tous les problèmes de leur vie sont causés parce qu'ils pêchent contre Dieu. Ils ont manqué la marque de son instruction et vivent donc sur les instructions du diable. Ne soyez pas pris dans la toile de l'incrédulité. Il est mortel d'être dans le réseau de l'incrédulité. Votre destin éternel dépend de vous pour ne pas tomber dans le piège de l'incrédulité. Cela a été posé pour vous au fil des générations, mais écoutez ce que l'Esprit de Dieu vous dit.

Lève-toi et ne dors plus. Examine-toi et laisse le Saint-Esprit t'examiner pour l'incrédulité. Le plus grand piège du diable est l'incrédulité. Il est le père du mensonge, ne croyez plus ses mensonges. Combien de temps dure l'éternité? Si vous pensez que l'éternité n'est que pour un court instant, détrompez-vous. L'éternité est pour toujours, pour toujours et pour toujours! Voyez-vous maintenant à quel point il est important de vous examiner vous-même et de permettre au Saint-Esprit d'examiner l'incrédulité? L'incrédulité peut vous amener à être éloigné du Dieu vivant. Si vous laissez la Parole de Dieu s'imprégner de toute l'incrédulité et du doute, alors vous saurez la vérité et la vérité vous affranchira.

L'incrédulité est aussi mortelle qu'un serpent venimeux. Quand cela vous mord, cela vous éloigne du Dieu vivant et confie au dieu de ce monde, le diable. Qui voulez-vous vous défendre? Celui qui vous a créé ou celui qui a été créé par Celui qui vous a créé? Un Dieu d'amour s'est reposé pour une épouse infidèle, mais à cause de l'incrédulité, il ne peut pas donner son repos à l'épouse. Il continue de persuader les hommes de leur donner du repos. Certains l'acceptent sans condition, d'autres imposent des conditions à son amour et tombent dans le tissu de l'incrédulité. Tout comme Internet contient une multitude de sites Web, il existe de nombreux sites Web d'incroyance.

Un de ces sites Web est celui des autres langues. Certains ne croient pas que les autres langues sont pour aujourd'hui, mais notre Seigneur a dit que ceux qui croient parleraient avec d'autres langues. Notre Seigneur a dit ceci! Ce n'est pas une doctrine faite par une partie du Corps du Christ. Notre Seigneur Jésus a dit que ceux qui croient parleraient en d'autres langues. Si Jésus est le même hier, aujourd'hui et à jamais, nous avons des problèmes dans le Corps de Christ.

Soit Jésus n'est pas le même pour toujours, soit Il est le même pour toujours. S'il est le même pour toujours, cela signifie que ce qu'il a dit dans la Bible est pour nous aujourd'hui. Voir ce sujet a beaucoup de mes frères et sœurs opérant dans l'incrédulité ou la désobéissance. Jésus a donné au corps de Christ, son église, un moyen de communiquer avec Dieu le Père directement et plus de la moitié du corps de Christ refuse de communiquer de cette façon à cause de l'incrédulité. Un verset dit que vous êtes rafraîchi en parlant en langues, mais un autre verset dit que vous édifiez votre très sainte foi en parlant en d'autres langues. Pouvez-vous voir à quel point cet esprit d'incrédulité est puissant?

Pouvez-vous voir comment il a étouffé le corps de Christ? Pouvez-vous voir la division que cet esprit a provoquée dans le Corps de Christ?

L'incrédulité peut détruire une vision. Jésus a donné une arme à son église (le Saint-Esprit) et seulement la moitié de l'église se rendent compte de l'importance de cette arme puissante. Pourquoi cela est-il ainsi? La réponse est que l'incrédulité est parmi nous. Ouvrez vos yeux spirituels et voyez le tour du diable. Il veut l'incrédulité dans le Corps du Christ, l'Église achetée par le sang. Une maison divisée ne peut subsister. C'est la raison pour laquelle l'Église n'est pas aussi puissante aujourd'hui qu'elle l'était du temps de Pierre et de Paul.

Sur quel site Web de l'incrédulité opérez-vous? Je ne ferai pas de liste car je ne veux pas manquer votre zone d'incrédulité et vous donne donc du terrain pour vous excuser. Prenez-le au sérieux et demandez au Saint-Esprit d'examiner votre cœur. Le site Web de l'incroyance est-il un si bon endroit? Rappelez-vous cette chose très importante: vous allez à l'encontre de Dieu lorsque vous agissez dans l'incrédulité et le doute. Ne restez pas au pays de l'incrédulité. Le pays de Dieu, le lait et le miel, vous attend lorsque vous commencez à croire. Israël a passé quarante ans dans le désert pour ce qui aurait pu être un voyage de onze jours à cause de l'incrédulité. Si vous êtes né entre 1946 et 1964, vous appartenez à ce qu'on appelle la génération du baby-boom. Vous n'avez pas quarante ans pour rester dans le désert de l'incrédulité. Jésus pourrait revenir n'importe quel jour pour son église. Il n'a pas dit qu'il trouverait l'incrédulité quand il reviendrait, il a dit qu'il trouverait la foi sur la terre quand il reviendrait. L'incrédulité est un tueur! Celui qui est venu pour tuer, voler et détruire est le diable.

Chapitre 6
Le signe de la sainteté

Le signe de la sainteté n'est pas l'apparence extérieure. Le signe de la sainteté est de marcher dans la foi en tout ce que vous faites. La foi signifie l'obéissance. L'obéissance signifie la fidélité à faire ce que dit la Parole. Ne passez pas votre vie à vous demander ce que Dieu va faire. Si vous pouvez lire, vous devriez savoir ce qu'il va faire. Il va confirmer les paroles de Matthew, Mark, Luke et John. Dieu n'écrira aucun nouveau livre de la Bible pour vous. Vous pouvez avoir votre propre doctrine si vous le souhaitez, mais rien n'est valable sauf celui de Dieu. Si vous ne réussissez pas, ne blâmez pas Dieu; il n'y a rien de mal avec lui. Blâmez-vous. La Bible ne se trompe jamais. Jésus n'a jamais tort. Vérifiez pourquoi vous ne profitez pas des bénédictions de Dieu. Dieu n'honore pas se demander. Il honore la foi. Rien n'est trop difficile ou trop difficile pour le Seigneur. Chaque mauvaise chose qui se produit est l'œuvre de l'enfer, mais l'œuvre de l'enfer doit s'incliner devant l'autorité du nom de Jésus.

Une personne atteinte de toxicomanie, de perversion ou de compulsions finira par perdre la raison. Il va perdre tout respect de soi. Si vous donnez votre vie au Seigneur Jésus-Christ, gardez votre corps plein du Saint-Esprit et louez le nom de Jésus, votre esprit ne s'évanouira pas. Votre corps est le temple du Saint-Esprit. Dieu veut que vous ayez un esprit sain, plein de paix, de pouvoir, d'amour et de joie.

Ne vous permettez pas de vous satisfaire de rien sauf de la victoire totale. Lisez Jean 3: 16-21 et voyez que la sainteté est le meilleur moyen de remporter la victoire dans votre vie. Sans cela, vous ne pourrez jamais plaire à Dieu. Avec cela, vous ferez toujours plaisir à Dieu. Marc, Matthieu, Luc et Jean nous ont tous indiqué la Personne de sainteté, le Seigneur Jésus-Christ. On dit que le monde est sans Jésus. Pouvez-vous imaginer un fils grandissant sans père pour le guider et le diriger? C'est ce que nous choisissons lorsque nous n'accepterons pas la sainteté de Jésus.

Celui qui est mort pour que le monde puisse vivre n'est pas désiré dans environ 3 milliards de foyers sur cette planète. Beaucoup ne croient pas que la sainteté est rentable. Je vous mets au défi de vérifier ce que l'imprévoyance a mis sur la table: cancer pour l'un, sida pour l'autre, deux des pires maladies au monde. Les deux sont arrivés sur la planète à cause du désir du résident de pratiquer l'impiété sur la terre. Dieu est un Dieu saint et désire que son peuple soit saint. Dieu n'accepte rien d'autre.

L'obéissance est le signe qui vous permet de savoir que vous pratiquez la sainteté. Sans cela, vous ne pouvez pas aller très loin dans le Royaume de Dieu. L'obéissance à la Parole de Dieu est indispensable pour atteindre la grandeur dans le Royaume de Dieu. Jésus a dit que la grandeur dans le Royaume de Dieu est obtenue en étant un serviteur. Eh bien, si vous n'êtes pas obéissant à la Parole de Dieu, vous ne pouvez pas être un serviteur. Les deux travaillent main dans la main!

Si vous n'êtes pas un serviteur, le signe de la sainteté ne fonctionne probablement pas dans votre vie. La sainteté et l'obéissance sont des jumeaux; l'un ne peut fonctionner sans l'autre. Dieu le Père est juste comme n'importe quel père terrestre. Si vous n'obéissez pas à votre père terrestre, il ne vous récompensera pas. De même, si vous n'êtes pas obéissant à votre Père céleste, il ne vous récompensera pas. Sans l'esprit d'obéissance dans votre vie, vous ne pouvez pas obtenir la sainteté. Le prix que vous venez de payer pour la sainteté traverse la station d'obéissance.

Le poste d'obéissance peut être un poste long ou un poste court. Vous déterminez quelle sera la mise en page. Si vous déterminez que l'obéissance n'est pas quelque chose que vous voulez vraiment, alors la station d'obéissance sera courte. Si vous déterminez que l'obéissance est quelque chose que vous voulez vraiment, alors la station d'obéissance appartiendra et la récompense sera éternelle.

J'ai rencontré un homme pieux qui, après plusieurs années au sein du système pénitentiaire, a décidé qu'il allait obtenir l'obéissance et la récompense. Après de nombreuses années dans le système de Satan, il s'est échappé au pays de l'obéissance et n'a jamais regardé en arrière. Sa décision d'être obéissant plutôt que désobéissant l'a amené à s'élever au-dessus du pays de la désobéissance.

Il atterrit maintenant et décolle de la piste d'atterrissage de l'aéroport obéissant. Il peut maintenant voir la piste quand il décolle et quand il atterrit.

La sainteté l'a attrapé et ne le laissera pas partir librement. Il cherche maintenant la sainteté, après tant d'années de recherche d'impiété. Jésus est son Seigneur et son père est Dieu. Le Saint-Esprit qui le dirige et le guide a remplacé Satan. Il n'est plus guidé par les anges des ténèbres, mais par les anges de la légèreté. Je veux exprimer le fait que l'obéissance est le facteur clé de la sainteté. Suivre les pas d'un Dieu saint, c'est la sainteté. Faire ce que Dieu dit dans sa Parole a produit la sainteté. Le choix t'appartient! Que veux-tu dans la vie? La sainteté apporte des bénédictions, tandis que l'impiété apporte des malédictions. Dieu a dit que quiconque croit en son Fils ne périra jamais, mais aura la vie éternelle. Pas seulement la vie, mais la vie éternelle. Cela signifie que la vie durera pour toujours. Dans le naturel, la vie ne durera pas éternellement. La vie ne finira jamais si vous croyez au Fils de Dieu. Quelle simple promesse! Mais beaucoup de gens ont manqué le bateau et n'ont jamais cru au Fils de Dieu. Pourquoi n'ont-ils pas cru au Fils de Dieu? La réponse est très simple: tromperie de Satan.

La Parole de Dieu dit qu'il a trompé le monde entier. Il vaut mieux être obéissant. Dieu cherche ceux qui obéiront à sa parole et à ses bergers. Une autre clé de la sainteté est la paix. Mon fils a vraiment profité de ma femme et de moi, mais Dieu nous a donné la paix qui nous permet de continuer à l'aimer sans colère. L'amour de Dieu vous donnera la paix.

Qu'est-ce que la sainteté? Les vignes disent que la sainteté est purement mal conduite et qu'elle observe la volonté de Dieu. La volonté de Dieu apporte la paix dans votre vie, peu importe l'aspect de la situation. Bien que notre fils nous ait fait mal, nous l'aimons toujours comme si rien ne s'était passé. La paix de Dieu a continué à nous atteindre chaque jour. Encore une fois, je dis: «Mon Dieu est un Dieu fidèle». La sainteté peut être décrite comme une piété caractéristique. Dieu est un Dieu de paix et nous devons agir comme lui. Dieu ne s'inquiétait pas de la chute de Samson, et il ne s'inquiéterait pas de la chute. La paix est un signe de sainteté. Nous pratiquons à quoi ressemble le Père et Dieu nous récompensera ouvertement.

Tout le monde saura que la main de Dieu est sur votre vie lorsque vous opérez dans la paix de Dieu. Vous ne pouvez pas vous empêcher d'attirer les autres quand la paix de Dieu opère dans votre vie. Jésus n'est pas mort sur la croix de peur de te contrôler;

Il est mort sur la croix pour la paix pour te contrôler. Jésus dit que la paix qu'il donne, le monde ne peut pas donner ou enlever (Jean 14:27). Cette paix innommable est un signe de sainteté. Quand vous opérez dans l'innommable paix de Dieu; vous opérez dans les bénédictions de Dieu. Si vous agissez dans les bénédictions de Dieu, ils vous dépasseront tôt ou tard.

Passez à l'assiette de la vie; ne laissez pas la sainteté vous frapper. Vous devez avoir un impact sur la sainteté afin de continuer dans l'onction de Dieu. La sainteté vous attend pour avoir un coup dans la vie. Nous avons discuté de deux éléments de la sainteté. L'un est l'obéissance et l'autre est la paix? Sans paix, il n'y a pas d'obéissance et sans obéissance, il n'y a pas de paix. La paix est une clé vitale de la sainteté, sans paix, vous ne donnerez jamais ce qui vous a été donné librement.

Le Seigneur vous permet de plus en plus de passer votre vie dans l'intérêt des autres, afin de vous établir maintenant dans un caractère chrétien, afin que vous puissiez être justifié de toute accusation qui pourrait éventuellement être portée contre vous au siège du Juge Christ. Un jour, nous devons tous nous tenir devant le siège du jugement de Christ. Tout le monde doit jouer au jeu de la vie.

Personne ne peut aller à la tête de la classe sans avoir d'abord joué au jeu de la vie. Chacun de nous doit d'abord jouer le jeu de la vie. Chacun de nous doit d'abord opérer dans la paix de Dieu pour obtenir le prix de la sainteté. Le prix de la sainteté attend chaque personne qui peut le conquérir. Chaque personne qui opère dans la sagesse de Dieu opèrera dans la paix de Dieu. La sainteté se reflète dans le caractère chrétien. Si vous obtenez une vie de sainteté, chaque prix qui accompagne la sainteté se présente.

Chapitre 7
Se conformer à ce monde ou au Christ

Dans Romains 12: 1–2, l'apôtre Paul appelle les frères à ne pas se conformer à ce monde. Aujourd'hui, cet appel est encore ouvert à tous les chrétiens pour qu'ils ne se conforment pas à ce monde. A quoi se conforment-ils? Les chrétiens se conforment à des coutumes extérieures superficielles. Quelles coutumes de ce monde avez-vous revendiquées comme étant les vôtres? Quittez-vous le travail quelques minutes plus tôt et utilisez-vous l'excuse que tout le monde fait la même chose? Eh bien, si vous êtes chrétien, vous n'êtes pas tout le monde. Vous appartenez au Seigneur Jésus et quand vous allez travailler, vous travaillez pour le Seigneur Jésus. Votre patron n'est qu'un substitut de votre vrai patron, le Seigneur Jésus-Christ.

Vous n'avez peut-être jamais pensé à cela, mais vous vous conformez au monde. Cela peut vous sembler mineur, mais vous devrez un jour rendre compte à votre vrai patron, le Seigneur Jésus-Christ. Vous savez ce qu'il va vous dire, à propos de votre départ du travail quelques minutes plus tôt parce que «tout le monde le fait»? Il va dire saviez-vous que vous avez travaillé pour moi? Si vous répondez non, monsieur, il vous rappellera que tout a été fait par lui pour lui. Êtes-vous inscrit dans cette catégorie? Revenons sur ce que Paul a dit dans Romains 12: 1–2

Je lance donc un appel à vous, frères, et je vous prie, au nom de toutes les miséricordes de Dieu, de faire une dédicace décisive de vos corps (en présentant tous vos membres et toutes vos facultés) comme un sacrifice vivant, saint (dévoué, consacré), et agréable à Dieu, qui est votre service raisonnable (rationnel, intelligent) et votre culte spirituel. Ne soyez pas conformé à ce monde (cet âge), (façonné et adapté à ses coutumes extérieures superficielles), mais soyez transformé (changé) par le renouvellement (entier) de votre esprit (par ses nouveaux idéaux et sa nouvelle attitude), afin que vous puissiez prouver (pour vous-même) quelle est la volonté bonne, acceptable et parfaite de Dieu, même la chose qui est bonne et acceptable et parfaite (à ses yeux, pour vous).

Paul faisait appel à nous pour ne pas nous perdre dans un monde superficiel. Je crois de tout mon cœur que Dieu sait que l'humanité doit être consacrée à quelque chose pour vivre. Si nous sommes dévoués aux choses superficielles de ce monde, nous manquons des véritables richesses du Royaume des Cieux. Nous ne pouvons pas servir deux maîtres. La Parole de Dieu dit que nous aimerons l'un et détesterons l'autre. Arrêtez-vous et réfléchissez une seconde! Se conformer à ce monde est la mauvaise façon de faire. Ce monde n'est pas du tout de votre côté. Encore une fois, pensez à ce monde pendant une seconde. Les chrétiens et les non-chrétiens sont attaqués dans ce monde par le diable et ses démons. Il n'y a pas de maladie au paradis où Dieu habite. Il y a la maladie en enfer, dont le principal occupant sera le diable quand son bail sera expiré Quand l'homme tomba et que le diable devint le propriétaire de ce monde, il apporta la maladie avec lui ainsi que toutes les choses diaboliques qui l'accompagnaient. Je vous en prie, comme Paul, ne vous conformez pas à ce monde avec ses coutumes superficielles? Croyez, croyez, croyez, la Parole de Dieu !

Depuis que nous sommes devenus membres de notre église ici à Sacramento, en Californie, ma femme et moi nous sommes efforcés de renouveler nos esprits afin que nous puissions être consacrés à Dieu. Croyez-moi, les avantages du renouvellement de votre esprit sont supérieurs à ceux de l'adaptation et de l'adaptation à des coutumes extérieures et superficielles du monde. Le choix t'appartient. Si vous choisissez de vous conformer au monde, en réalité, vous avez choisi la mort. Le prince des airs, le diable, dirige ce monde. Si vous choisissez de transformer votre esprit par ses nouveaux idéaux et sa nouvelle attitude, vous avez choisi la vie. Dieu est la vie! Une Écriture dit que pour lui nous vivons et bougeons et avons notre être (Actes 17:28). La réalité de la vie est que sans Christ Jésus, vous n'êtes rien et ne pouvez pas faire une chose, mais en Christ Jésus, vous êtes quelqu'un et pouvez tout faire. Le champ de bataille est votre esprit. Ce monde est après toi tout le temps.

Mon souci principal est de plaire à Dieu. Comment puis-je plaire à Dieu? Le seul moyen que je connaisse est d'être obéissant. C'est ce que Jésus a fait quand il a marché sur la terre. Il était obéissant! Comment apprendre l'obéissance? C'est une question facile à répondre. La parole de dieu!

J'ai pardonné à mon fils. Voulez-vous savoir comment j'ai su que je l'avais pardonné? Un jour, il est venu à mon travail de manière inattendue. Je le regardais face à face, et même ceux pour qui il ne semblait toujours pas être vraiment désolé de ce qui s'était passé, je n'étais pas en colère. Mon travail consiste à pardonner. Jésus a dit dans la Parole de Dieu que si nous ne pardonnons pas aux autres, notre Père céleste ne peut nous pardonner. Ce monde ne pardonne pas aux autres. On peut dire que oui, mais ce n'est pas le cas. Le pardon de Dieu, c'est aussi oublier. Nous devons pardonner et oublier. Je ne veux pas dire que vous oubliez que l'incident a eu lieu, mais quand vous voyez la personne, vous ne la tenez pas pour son délit.

C'est pourquoi votre esprit doit être renouvelé par la Parole de Dieu. Si vous ne pardonnez pas; le père ne peut pas vous pardonner. Si Dieu ne peut pas vous pardonner, alors vous avez toutes les portes ouvertes pour que le diable et ses démons vous attaquent. Vous avez noué les mains protectrices de Dieu! Vaut- il vraiment la peine de rester en colère contre quelqu'un? Romains 12: 1–2 sont des vers très importants! Étudie-les et mets-les dans ton esprit.

Même si ma femme et moi avions de gros problèmes avec le bureau de crédit, les agissements de mon fils ne me donnaient pas le droit d'opérer de façon impitoyable. Dieu nous a pardonné quand nous étions encore des pécheurs! Si le Créateur de l'univers peut offrir le pardon et laisser son fils mourir pour nous, alors qui devons-nous dire que nous ne pouvons pas nous pardonner les uns aux autres? Ne soyez pas conformé à ce monde. Nous n'avons pas le droit de refuser de pardonner à quiconque pour ses actes blessants envers nous. Croyez la Parole de Dieu aujourd'hui. Si vous avez l'habitude de ne pas croire la Parole de Dieu, je tiens à vous exhorter à changer d'attitude pour adopter une attitude de conviction aujourd'hui. Croyez, croyez, croyez, et vous recevrez. Si vous êtes chrétien, votre service raisonnable est de transformer votre esprit. Si vous n'êtes pas chrétien, je vous prie de permettre à Jésus de devenir le Seigneur et le Sauveur de votre vie. Romains 10: 9 dit: Parce que si vous reconnaissez et avouez de vos lèvres que Jésus est Seigneur et si, dans votre cœur, vous croyez (adhérez à, faites confiance à la vérité et vous vous en remettez à la vérité), Dieu vous a ressuscité des morts, vous serez sauvé.

Priez ce qui précède sur votre vie et sur celle de tous vos proches. Jusqu'au point de salut, vous étiez l'un des morts-vivants. Ton esprit était mort. Par le salut, tu es entré dans la vie éternelle. Qu'est-ce que ce monde a à vous offrir? Il propose meurtre, vol, adultère, mensonge, triche, fornication, jalousie et convoitise. Tout cela provient de la bouche du diable. Aucune des catégories ne peut être étiquetée comme provenant de Dieu. Chaque personne peut en revendiquer au moins une. Si vous opérez dans l'un de ces domaines, vous venez de goûter à ce que signifie être conformé à ce monde. Il est facile d'être citoyen de ce monde plutôt que citoyen du royaume des cieux. Revenons à mon fils, ma femme lui a également pardonné. Puisque nous sommes un, alors Dieu nous pardonne à tous les deux. Pensez à ce mari et votre femme: Dieu vous voit comme un seul. Si l'un pardonne et l'autre pas, vous risquez de bloquer le pardon de Dieu. Un mari et une femme doivent être d'accord pour faire l'expérience de la plénitude de Dieu dans leur mariage, leur famille et tout ce qu'ils font. Tout ce que vous faites doit être bon, acceptable et mûr aux yeux de Dieu pour vous. C'est un mot qui doit être répété encore et encore. Tout ce que vous faites doit être bon, acceptable et mûr aux yeux de Dieu. Ne soyez pas stupide! Tout ce qu'un homme sème, il le récoltera. La Bible nous est donnée pour reproche et pour instruction. Si vous voulez savoir ce qui est bon, acceptable et mature volonté de Dieu, il est écrit pour vous.

Certaines personnes pensent que si elles ne savent pas ce que Dieu attend d'eux, elles ne sont pas responsables, mais Dieu ne fonctionne pas comme cela. Il a donné son fils unique et sa parole. Nous sommes responsables! C'est la raison principale pour laquelle le diable et ses démons se battent si fort pour nous garder dans les ténèbres. Vous êtes responsable! Votre responsabilité a commencé le jour de votre naissance. Même si vous n'avez jamais ouvert une Bible, vous en êtes toujours responsable. C'est la raison pour laquelle il n'est pas rentable d'ignorer ce que dit la Parole de Dieu et ce que le sang de Jésus a accompli. Chaque personne sera jugée! Dieu peut juger chaque personne parce que chacun est responsable de découvrir ce que la Parole dit de la volonté bonne, acceptable et mûre de Dieu. Ce livre est écrit à chaque personne sur terre.

Ce n'est pas juste pour les chrétiens! Quels que soient leur choix ou leur religion, chaque personne est tenue de se tenir devant Dieu pour être jugée ce grand jour et voir si elle a prouvé dans sa vie la bonne volonté de Dieu, qu'elle soit bonne, acceptable et parfaite. Le Créateur de l'univers vous appellera devant lui pour voir comment vous avez vécu votre vie. Il est important que vous ne vous conformiez pas à ce monde. Ce monde n'a pas votre avenir en tête. Ce plan ne peut venir que de celui qui vous a créé.

Le diable ne sait pas ce que Dieu a prévu pour nous, bien qu'il sache qu'il existe un plan pour nous, car avant sa chute, il était au ciel et connaissait le cœur de Dieu envers son peuple. Satan aussi avait été créé dans un but, un plan de vie donné par Dieu, qu'il avait choisi de rejeter. Puisque le diable sait par expérience qu'il existe un plan pour votre vie, il fait tout ce qui est en son pouvoir pour vous faire quitter le chemin de la vie et aller dans le fossé de la vie. Je veux mettre en lumière le plan lent mais prudent du diable pour votre vie. Il est un maître des distractions! Chaque distraction qu'il peut placer devant vous vous emmène de plus en plus loin dans le fossé de la vie. Ainsi, lorsque le jour de la responsabilité viendra, vous aurez des problèmes, car vous ne serez jamais revenu sur le chemin de la vie. Vous avez fait tout le chemin dans le fossé sans jamais savoir que vous pouviez à tout moment reprendre la route. Le diable mérite un Oscar pour sa performance de star qui a permis aux gens de rester en dehors de la vie.

En Dieu, il y a une volonté bonne, acceptable et parfaite pour chacun de nous. Notre travail consiste à le trouver. Le travail du diable est de nous empêcher de le poursuivre. Qui va gagner? Beaucoup de gens ont emprunté le chemin de la vie et n'ont pas trouvé la volonté de Dieu pour leur vie. Ceux qui ont trouvé sa volonté ont réussi dans la vie. Je ne juge pas le succès comme vous le pensez. Certaines de ces personnes étaient riches et d'autres pauvres. Ce qu'ils avaient en commun était que lorsqu'ils se présentaient devant le Seigneur, la volonté de Dieu pour leur vie s'alignait sur le chemin de la vie où ils se trouvaient. Ils étaient identiques, rien ne manquait, rien ne cassait. La volonté de leur vie était ce que le Père a choisi pour eux. Je termine ce chapitre par ces affirmations:

Vous ne pouvez pas vous permettre de ne pas être transformé par le renouvellement de votre esprit avec la Parole de Dieu. Vous ne pouvez pas vous permettre de ne pas rechercher la volonté de Dieu pour votre vie. Vous ne devez pas vous conformer à ce monde!

Chapitre 8
Croyez ce que vous êtes

Pour avoir ce que vous voulez, vous devez croire ce que vous êtes. Vous devez croire que vous êtes un enfant de Dieu en Christ. La plupart des chrétiens ne savent pas qui ils sont. Être un enfant du Christ est un avantage particulier qui vous appartient. Vous êtes quelqu'un, pas seulement un pécheur sauvé par grâce. En Christ, il y a une faveur divine. Une faveur qui vous rattrape a jamais, vous allez être. Une faveur qui ouvre des portes pour vous. Une faveur qui distingue votre candidature au poste de travail. Une faveur qui dit à votre patron que vous méritez une augmentation. Une faveur qui détermine que lorsqu'une nouvelle position se présente, vous êtes considéré avant tout le monde. Une faveur qui va de vous à vos enfants dans tout ce qu'ils font. La faveur divine vous prépare le chemin! Tu es en Christ. En Christ, il y a des avantages qui vous distinguent du monde. Vous êtes dans le monde, mais vous ne faites pas partie du monde. Vous devez croire que vous êtes en Christ. Le travail de Satan est de vous faire croire que vous n'êtes pas en Christ. Beaucoup de chrétiens ne savent pas qui ils sont. Vous avez été retiré d'un royaume et placé dans un autre royaume.

Je me souviens d'avoir dit à un vieillard que nous avions été retirés du royaume du diable et placés dans le royaume de Dieu. Ce monsieur a dit que le diable n'a pas de royaume. Beaucoup de gens croient à cette déclaration, même si Dieu dit que le diable a un royaume.

Être fort avec tout le pouvoir selon sa puissance glorieuse afin que vous puissiez avoir une grande endurance et patience et rendre joyeusement grâce au Père, qui vous a qualifié pour partager l'héritage des saints dans le royaume de la lumière. Car il nous a sauvés de la domination des ténèbres et nous a amenés dans le royaume du Fils qu'il aime, en qui nous avons la rédemption, le pardon des péchés (Col. 1: 11-14).

Cet ami de mes aînés aimait Dieu, mais il n'avait jamais lu dans la Bible que le diable avait un royaume. C'est dommage!

Ce monsieur aurait pu aider beaucoup de monde s'il avait su la vérité sur le royaume du diable. Je dis cela parce que des millions de personnes se trouvent actuellement dans le royaume du diable. Malheureusement, ils ne savent pas qu'ils sont dans le royaume du diable. A quel royaume appartiens-tu? Vous pouvez dire que vous appartenez au Royaume de Lumière, mais croyez-vous ce que vous êtes?
 Dieu dit que vous êtes une nouvelle création en Christ, en Christ, vous avez tout ce dont vous avez besoin pour vivre et vous êtes son témoin et son travail. Si vous êtes une nouvelle création; alors vous n'avez pas de passé. Comment une nouvelle création qui vient d'être faite peut-elle avoir un passé? Arrêtez de vous battre! Si Dieu dit que vous êtes une nouvelle création, croyez-le. Vous n'êtes pas obligé de vivre dans la honte de votre passé, vous avez le droit à un avenir radieux.
 Arrêtez! Arrêtez! Arrêtez! Si vous êtes un croyant, vous ne devez pas être condamné pour votre passé. Croyez ce que vous êtes. Un enfant de Dieu; une nouvelle création, faite à l'image du Père et cohéritière de Jésus-Christ. Vous n'êtes pas seulement Gwen, Larry, Martha ou George; vous êtes un enfant du Dieu suprême. C'est génial, le Dieu suprême est ton père! Celui qui a créé l'univers vous a choisi pour être son enfant. Quel honneur d'être choisi par le Dieu suprême! C'est pourquoi le diable veut vous empêcher de savoir qui vous êtes en Christ. Une personne qui découvre qui ils sont en Christ est dangereuse pour le Royaume du diable. Quand tu crois ce que tu es; vous pouvez recevoir ce que vous êtes. Croire et recevoir vont de pair dans le processus de savoir ce que vous êtes en Christ Jésus. Vous ne pourrez jamais avancer dans les choses de Dieu sans d'abord croire et recevoir. Vous avez été sélectionné avant la fondation du monde pour être ce que vous êtes: un enfant de Dieu en Christ Jésus! Il n'y a pas d'autre ajustement de titre. Enfant du plus grand Dieu.
 Satan fait tout ce qu'il peut pour empêcher les croyants de savoir ce qu'ils sont en Christ Jésus. Nous ne sommes rien sans Christ, mais tout en Christ. Nous pouvons faire toutes choses en Christ Jésus. Voyez l'importance de savoir ce que vous êtes en Christ? Sans savoir qui vous êtes, vous empruntez le mauvais chemin de la vie et ne réalisez jamais le plan de Dieu pour votre vie. «Je connais les plans que j'ai pour vous, déclare le Seigneur, des plans pour vous prospérer et non pour vous nuire, des plans pour vous donner espoir et un avenir. Alors tu m'appelleras et tu viendras prier pour moi, et je t'écouterai » (Jer.29: 11, 12).

Celui qui est heureux que vous ne réalisiez jamais le plan de votre vie en le diable, car il n'a pas eu à se battre pour vous empêcher de suivre le chemin que Dieu a conçu pour vous. Par votre paresse spirituelle, vous n'avez jamais persuadé Dieu de découvrir quel plan il a conçu pour vous. Arrêtez! Laissez-moi vous dire comment vous pouvez obtenir son plan pour votre vie. Es-tu prêt? Priez et jeûnez s'éloigner de tout le monde et passer du temps seul avec Dieu. Vous ne découvrirez pas seulement qui vous êtes en Christ, mais quel plan Dieu a conçu pour votre vie.

Être seul avec Dieu, prier et jeûner vous donneras des réponses. J'ai pris ce temps et ai découvert que je devais écrire des livres. Vous lisez le premier de ces livres et expérimentez une partie du plan que Dieu a tracé pour ma vie. J'y suis allé quelque vingt-six ans après le baccalauréat avant de découvrir que j'étais un écrivain. Je ne me suis jamais vu comme un écrivain, mais Dieu m'a vu comme un écrivain. Je ne me suis jamais vu comme un ministre, mais Dieu m'a vu comme un ministre. C'est à moi de croire et de recevoir ce que Dieu dit que je suis.

Vous ne pouvez pas entendre la voix de Dieu devant la télévision. Dieu parle à votre esprit, alors votre esprit doit être en accord avec son Esprit pour savoir ce que vous êtes en Christ Jésus. Le vieux James Lincoln ne savait pas qu'il était écrivain, mais la nouvelle création le sait. Le vieux James n'avait pas d'avenir, mais le nouveau James en a. Le vieux James avait un passé qui pouvait le hanter, mais le nouveau James est libre.

Si nous ne croyons pas ce que Dieu dit, alors nous jugeons Dieu comme un menteur, Dieu n'est pas un homme qui ment ou le Fils de l'homme qui se repent. Je suis une nouvelle création et les vieilles choses sont décédées. Croyez, croyez, croyez, ce que vous êtes et qui vous êtes dans le Christ Jésus et tout le Royaume des Cieux vous appartiendra. Si vous n'avez pas fait de Jésus votre Seigneur, vous devez confesser de votre bouche que Jésus est Seigneur et croire dans votre cœur que Dieu a ressuscité Jésus d'entre les morts et que vous serez sauvés. Une fois que vous avez demandé à Jésus de pénétrer dans votre cœur, vous devez obéir à la Parole de Dieu.

Au fil du temps, Caïn apporta quelques-uns des fruits de la terre en offrande à l'Éternel.

Mais Abel a apporté des portions grasses de certains des premiers-nés de son troupeau. Le SEIGNEUR a regardé avec faveur sur Abel et son offrande, mais sur Caïn et son offrande, il n'a pas regardé avec faveur. Donc Caïn était très en colère et son visage était abattu.

Alors l'Éternel dit à Caïn: Pourquoi es-tu en colère? Pourquoi ton visage est-il abattu? Si vous faites ce qui est juste, ne serez-vous pas accepté? Mais si vous ne faites pas ce qui est juste, le péché est accroupi à votre porte; il désire vous avoir, mais vous devez le maîtriser » (Genèse 4: 3-7).

L'obéissance est ce qui a rendu l'offrande d'Abel plus acceptable pour Dieu que celle de Caïn. Abel était obéissant à ce qu'on lui disait! Nous devons obéir à la Parole de Dieu si nous voulons marcher dans les choses de Dieu et recevoir les choses en Christ. Si vous croyez; vous serez obéissants et si vous êtes obéissants, vous allez croire. L'obéissance vous fera croire ce que vous êtes en Christ Jésus.

L'auteur de la Bible est Dieu lui-même. Le Saint-Esprit de Dieu utilise les hommes, mais l'auteur est Dieu lui-même. Je suis de ceux qui croient en la Parole de Dieu, si Dieu le dit, alors il en est ainsi. Si vous choisissez de ne pas croire ce que Dieu dit de vous, vous êtes incrédule. La Parole de Dieu est très importante et doit être étudiée.

Être fort définit le mot recevoir, à prendre en sa possession. Si vous ne croyez pas ce que vous êtes en Christ Jésus; vous ne pouvez pas prendre en votre possession ce que vous êtes en Christ Jésus. La bataille est à moitié terminée parce que tout ce que le diable doit faire maintenant, c'est vous empêcher d'avoir ce qui vous appartient légitimement.

Le diable n'a pas vraiment à vous vaincre; tout ce qu'il a à faire est de vous empêcher de posséder ce qui vous revient de droit. Jusqu'à ce que vous réclamiez un cadeau, il ne vous appartient pas! Réveille-toi, Corps du Christ! Nous sommes en guerre et ce depuis plus de 2000 ans.

Le plan du diable est le retard, le retard et le retard. Obtenez ceci: il est un ennemi vaincu. S'il est un ennemi vaincu et qu'il l'est; pourquoi garde-t-il tant de frères et de sœurs légalement? La réponse est en retard. Une arme du diable; utilisé contre le corps du Christ.

Le corps de Christ ne croit pas globalement ce que nous sommes en Christ Jésus. Nous sommes impuissants bien que Christ Jésus nous ait donné tout pouvoir. Alors, quel est l'affaire? Christ Jésus nous a donné tout pouvoir et nous agissons comme des bébés sans défense. Nous ne croyons pas et ne recevons pas quoi et qui nous sommes en Christ Jésus. Encore une fois, le mot recevoir signifie un moyen de prendre possession de quelqu'un. Si vous n'y croyez pas, vous ne pouvez pas vous en emparer.

C'est aussi simple que ça! Un ange déchu appelle les coups contre des personnes qui sont faites à l'image du Dieu Tout-Puissant. Beaucoup vivent comme si Jésus ne reviendrait jamais. Beaucoup sont pris pour acquis pour la miséricorde de Dieu. Beaucoup de croyants vivent avec les poules; quand ils devraient vivre avec les aigles. Beaucoup de croyants se privent du pouvoir de Dieu. Beaucoup jouent à l'église au lieu d'être l'église. Le mot Église signifie les appelés. Réveillez-vous corps du Christ, vous avez été appelé! Appelé hors des ténèbres.

Chaque personne née sur cette terre arrive dans le royaume des ténèbres. Nos premiers parents (Adam et Ève) ont péché contre Dieu. À ce moment-là, ils ont reçu une nature pécheresse et cette nature a été transmise de génération en génération depuis ce jour terrible. Avant de pécher, nos premiers parents avaient une nature pieuse. Afin d'obtenir une nature pieuse; tout le monde doit être né de nouveau. Dieu est un Dieu juste; un Dieu d'amour. Il nous a permis de nous débarrasser de cette nature pécheuse: par le sang de son Fils, le Christ Jésus. Nous avons tout ce dont nous avons besoin pour vivre en Christ Jésus.

Jésus a tout fait pour lui-même. Si nous demeurons en lui et qu'il demeure en nous, alors tout ce dont nous avons besoin pour la vie nous sera donné en Christ Jésus. Nous vivons et bougeons et avons notre être en Christ Jésus. Si j'ai tout ce dont j'ai besoin pour vivre dans le Christ Jésus; mais ne le croyez pas et ne le saisissez pas, alors je suis toujours impuissant. Je ne peux pas prendre possession des choses dont j'ai besoin pour la vie si je n'y crois pas. Mon but pour ce livre est d'encourager chaque personne à étudier la Bible car elle n'a jamais étudié aucun autre livre auparavant.

Dans les 66 chapitres de la Bible, vous trouverez tout ce dont vous avez besoin pour vivre. Dieu a écrit un plan selon lequel, s'il était suivi avec obéissance, vous atteindriez le sommet de la montagne de Dieu avec tout ce dont vous avez besoin dans la vie, et ce gratuitement. Tout ce dont vous avez besoin est stocké dans le livre d'instructions.

Vous ne pouvez pas trouver un autre livre avec les instructions obtenues dans la Bible. Le Dieu suprême a écrit le livre! Depuis que le Dieu Très Haut a écrit le livre et que le Corps de Christ est des enfants du Dieu Très Haut, ne croyez-vous pas que nous devrions prendre possession de la Parole et la récompenser comme telle? Tout ce dont j'ai besoin dans la vie et tout ce dont vous avez besoin sont dans les couvertures du livre dont on parle le plus au monde. La connaissance de la révélation sur la façon de vivre votre vie est dans la Parole de Dieu. Qui et ce que tu es est énoncé si clairement pour vous. Christ est la liberté que la plupart des gens ne connaîtront jamais. Je vous encourage à lire la Bible au moins 15 minutes par jour. Vous serez étonné de votre croissance dans la Parole. Si vous prétendez être un chrétien, mais que vous êtes pleinement satisfait des plaisirs et des poursuites du monde, votre profession est fautive. Trop de gens commettent l'erreur de mesurer la certitude de leur salut par leurs sentiments plutôt que par les faits de la Parole de Dieu. En Jésus-Christ, vous avez une nouvelle vie. Vous devez connaître votre position! Une autre façon de le dire: croyez ce que vous êtes! Nous sommes son témoin et son travail. Il travaille en nous pour produire le fruit de l'Esprit dans nos vies. Dans un seul but: être témoin pour lui.

Si nous cédons au Saint-Esprit; nous pouvons produire des fruits dans nos vies, mais seulement lorsque nous cédons au Saint-Esprit. Le Saint-Esprit rendra vivant ce que nous sommes en Christ Jésus une fois que nous nous sommes livrés à lui. C'est Jésus qui travaille en nous et non nous-mêmes qui faisons de nous des témoins de Lui, équipés pour porter l'Évangile au monde entier.

Examinez-vous! Où êtes-vous dans votre relation avec le Seigneur? Êtes-vous en position? Ou êtes-vous hors de position? Si vous êtes en position, restez. Si vous n'êtes pas à la bonne position, retrouvez votre place.

Examinez-vous et voyez si une incrédulité est emprisonnée dans votre cœur. Ce chapitre a été le chapitre le plus amusant à écrire pour moi. Si vous vous mettez en position et croyez en ce que vous êtes en Christ et recevez ce que vous êtes en Christ, vous atteignez le sommet. Je te verrai au sommet.

Chapitre 9
Vrai repentir

La conversion de Saul dans Actes 9: 1 à 20 peut être qualifiée de véritable repentance. Saul, qui avait assassiné des chrétiens et était sur le point de tuer plus de personnes, a été arrêté sur ses traces après une rencontre avec le Seigneur ressuscité. Saul, d'ennemi du Seigneur, est devenu Paul, apôtre du Seigneur. Il a vraiment changé ses habitudes, ses pensées et ses habitudes de vie. La repentance va d'une direction à l'autre. Dans Actes 9: 1 à 20, vous voyez qu'il n'a pas gardé les mêmes amis. Pour que la vraie repentance se réalise dans votre vie, vous devez changer vos amis. Si vos amis ont été sauvés et rachetés aussi, c'est bien, mais s'ils ne l'ont pas été, laissez-les seuls. Ces vieilles choses ne vous appartiennent pas de toute façon, car vous avez un avenir en Christ. Également dans Actes 9: 1 à 20, Saul se laissa tomber à terre et entendit une voix. Il n'a pas essayé de rester debout et d'entendre la voix du Seigneur.

Saul a également demandé: "Que voulez-vous que je fasse?" La plupart des gens essaient de garder le contrôle, au lieu de laisser Dieu contrôler leur vie. Ils n'essaient même pas d'entendre ce que la voix du Seigneur leur dit. À l'heure actuelle, ma fille unique fait partie de cette catégorie. Elle ne voudra pas rester là-bas, mais à cause de la paresse spirituelle, elle n'entend pas la voix du Seigneur.

Saul tombant sur le sol symbolisait la soumission au Seigneur. Une fois que Saul se rendit au Seigneur, il put entendre la voix du Seigneur. Saul n'a pas été sauvé au moment où le Seigneur lui a parlé. En fait, Saul peut être qualifié de religieux. Il en savait beaucoup sur Dieu, mais il ne connaissait pas Dieu. Je peux estimer que plus de la moitié du Corps de Christ peut être étiqueté comme Saul. Connaître quelqu'un et le savoir n'est pas la même chose. Connaître certains, c'est connaître leur cœur, ce qu'ils aiment, ce qu'ils n'aiment pas et ils vous connaissent de la même façon. Si vous ne passez pas de temps avec Dieu personnellement, il ne passe pas de temps avec vous personnellement.

Lorsque vous passez du temps avec quelqu'un, vous apprenez à le connaître personnellement. Vous commencez à tout savoir sur eux. Dieu n'est pas différent. Il est notre père et nous devons le connaître comme notre père. Saul était un homme instruit dans la religion. En fait, Saul a étudié auprès des professeurs les plus populaires de son époque. Il n'était pas seulement éduqué, mais très dévoué à la religion israélienne. Pourtant, il était hors de propos, pour dire le moins; tuer et chasser des chrétiens parce qu'il pensait qu'ils avaient tort de croire en Jésus ou en ses voies.

Le christianisme ne s'appelait pas alors christianisme; les disciples de Jésus étaient radicalement différents du reste de leur société. Ils étaient «sur le chemin». Quel nom spécial, parce que Jésus est le chemin de tout dans la vie.

Si vous ne pensez pas qu'il existe un dieu, il suffit de regarder la vie de Saul. Il était en route pour emprisonner des disciples, et Dieu l'a emprisonné pour le Royaume de Dieu. Saul, qui est devenu Paul après sa vraie repentance, ne ressemblait en rien à Saul. Il a vraiment changé ses habitudes, ses pensées et ses habitudes de vie. Paul est mort en défendant la même chose pour laquelle il a tué d'autres personnes: Le chemin!

Au fur et à mesure qu'il avançait, il s'approcha de Damas, et soudain une lumière du ciel jaillit autour de lui. Et il est tombé au sol. Puis il entendit une voix lui disant: «Saul, Saul, pourquoi me persécutes-tu (me harcelant, me troublant et m'agitant)?». Et Saul dit: «Qui es-tu, Seigneur?» Qui vous persécutez » (Actes 9: 3-5).

Paul avait entendu parler de Jésus mais n'avait jamais connu Jésus comme le Fils de Dieu. Qu'est-ce qui a poussé Saul à changer d'avis sur Jésus? Saul n'a pas changé d'avis. Jésus a changé l'esprit de Saul. Regardons une autre Écriture. Actes 9:20: Et aussitôt dans les synagogues, il proclama Jésus en disant: «Il est le Fils de Dieu». Paul se repentit sincèrement, non pas à moitié mais à tout un changement de mode de vie.

Pouvez-vous imaginer ce que les disciples ont pensé de Saul? Il était en mission pour les tuer une minute, puis il a voulu les aimer. Le Seigneur a utilisé Paul pour écrire la plupart du Nouveau Testament.

Pouvez-vous imaginer ce que les disciples ont pensé de Saul? Il était en mission pour les tuer une minute, puis il a voulu les aimer. Le Seigneur a utilisé Paul pour écrire la plupart du Nouveau Testament. Il a été tellement soumis au Saint-Esprit que Paul a surmonté toutes les méfiances que les gens avaient en lui et est devenu l'un des plus grands disciples du Seigneur qui n'a jamais vécu. Paul n'a jamais regardé son passé, s'attendant à pouvoir le réparer. Il s'est rendu compte qu'après ce jour sur la route de Damas, son passé appartenait à Jésus. Beaucoup d'entre nous dans le Corps du Christ ont besoin de vivre une expérience à Damas. Paul ne laissa plus jamais Saül prendre vie. Il s'est toujours rappelé que ce n'était pas lui, mais Jésus vivant en lui qui faisait le travail. Trop d'entre nous ne se souviennent pas que Jésus vis en nous. Si vous avez la vraie expérience de repentance, vous vous souviendrez que Jésus a vécu en vous et que vous avez été acheté avec le sang merveilleux de Jésus. Il a payé le prix juste pour vous remettre dans une relation avec le Père. La seule chose que vous puissiez faire pour rembourser est de permettre à la vraie repentance de se dérouler librement dans votre vie.

Nous avons beaucoup couvert la vraie repentance, mais qu'est-ce que la vraie repentance? Jésus a dit, si vous m'aimez, vous suivrez ma parole. La parole de Jésus est dans la Bible. Si vous ne lisez pas la Bible, vous ne connaîtrez pas la Parole du Seigneur. Ainsi, vous ferez des choses qui ne sont pas acceptables pour le Seigneur ou qui correspondent au vrai repentir.

Encore une fois ma fille vient à l'esprit; elle nous accompagne à l'église chaque dimanche, mais je ne l'ai pas encore vue lire sa Bible ou passer du temps avec Dieu. Est-ce un signe de vraie repentance? La réponse est non! Comme beaucoup de jeunes adultes, elle semble penser qu'il est temps de servir le Seigneur, mais le monde appelle maintenant. Jeunes, s'il vous plaît, ne craignez pas les mensonges du diable. Rappelez-vous, la vraie repentance est en train de changer d'une façon et d'une autre. Peu de choses dans la vie de ma fille ont changé à ce stade:

Elle n'a pas lu la Parole ni passé de temps avec Dieu avant d'avoir fait sa confession au Seigneur, et à ce stade-ci? Y a-t-il une vraie repentance du cœur qui se passe ici? Elle est comme beaucoup d'entre nous, nous avons fait une confession verbale comme le dit la Parole, mais nous n'avons pas fait de confession de cœur comme le dit la Parole.

Nous ne sommes qu'à moitié convertis au Christ. La moitié de la conversion n'est pas suffisante pour vous empêcher d'être submergé par le diable et les démons. Vous avez besoin de tout le Christ pour rester insensible au malin.

Jésus a prié pour que le malin ne nous touche pas. Combien d'entre vous frères et sœurs en Christ savent que Jésus a prié pour vous? Vous pourriez dire, je sais que Jésus prie pour moi. C'est vrai, mais combien d'entre vous savent que Jésus a prié pour vous quand il était sur terre? Lisez Jean 17 et vous constaterez que Jésus a prié pour tous les croyants: ceux de notre époque et tous ceux qui entendaient leurs paroles et devenaient croyants, vous et moi.

Lorsque vous êtes né de nouveau, vous passez d'une direction à une autre. Nous nous efforçons (ou devrions) d'obtenir une vraie repentance, sans pour autant renoncer. Véritable repentir, ne plus voler. Véritable repentir, ne pas prendre le panier de l'épicerie. Véritable repentir, ne pas prendre de stylos au travail.

Le vrai repentir ne commet pas l'adultère. La vraie repentance ne porte pas de faux témoignage contre son prochain. La vraie repentance ne fait pas de commérages. La vraie repentance ne coupe pas les gens de la conduite. La vraie repentance ne se pense pas plus haut que les autres. La vraie repentance consacre du temps et de l'énergie à connaître le Seigneur qui choisit de s'associer à d'autres croyants plutôt que d'être indûment influencé par les valeurs du monde. La vraie repentance cherche la réconciliation et la guérison dans la famille plutôt que le divorce. La vraie repentance accepte et soutient ceux que Dieu a placés en autorité dans l'église. La vraie repentance refusera d'entamer des poursuites judiciaires contre un autre croyant. La vraie repentance accepte toute perte afin d'assurer ou de maintenir de bonnes relations au sein de la famille ou de l'église et les confie à Dieu pour sa restauration et sa réparation. La vraie repentance repose totalement sur Dieu pour la sagesse spirituelle, rejetant la sagesse du monde. La vraie repentance a reconnu notre adoption en tant qu'enfant de Dieu, l'appelant «Père».

La vraie repentance croit fermement que Dieu accomplira tout ce qu'il a promis dans sa Parole. La vraie repentance peut être résumée en trois mots: amour, obéissance et unité.

En vivant des vies pieuses, nous apprenons à voir les choses comme Dieu et à adopter Sa Parole comme notre seul standard. Adopter Sa Parole comme notre seul critère est la vraie repentance en un mot. Nous prouvons notre repentance en adoptant Sa Parole comme notre seul standard. Nous n'avons aucune autre norme devant nous.

Obéir à Jésus est la principale preuve que nous l'aimons et que nous sommes ses disciples. Notre décision d'obéir est la clé pour comprendre la réalité spirituelle des Écritures et libère le Saint-Esprit pour qu'il nous l'enseigne. Le Saint-Esprit est notre enseignant, notre aide, notre avocat et notre guide. Il est notre source de véritable compréhension spirituelle. Il élève Jésus et édifie les croyants, leur permettant de vivre la vie chrétienne.

La gloire de Dieu est révélée à ceux qui croient. Pour voir la gloire de Dieu, vous devez croire, croire, croire. Pourquoi Dieu vous montrerait-il sa gloire si vous ne croyez pas? Reconnaissez que le Royaume de Dieu requiert votre plus grand engagement. Comprenez que le Royaume vaut plus que toute autre poursuite. Soyez prêt à abandonner tout objectif personnel qui vous empêche d'entrer. Reconnaissez que les membres du Royaume sont des enfants (et non des enfants) dans leur foi et leur confiance. Poursuivre la maternité dans toutes vos relations interpersonnelles. La vraie repentance, soupçonnera les choses qui sont populaires ou favorisées par la majorité d'esprit du monde. Soyez averti que ce que vous pratiquez démontre notre relation avec Jésus. Rappelez-vous que la popularité et l'approbation humaine n'indiquent pas nécessairement que Dieu approuve une situation. Comprenez que l'autorité du Royaume de Dieu et les systèmes d'autorité du monde sont souvent opposés. Placez vos trésors où vous voulez que votre vie soit. La vraie repentance vous maintiendra en ligne avec la volonté de Dieu pour votre vie. Le vrai repentir ne laissera pas un endroit caché dans votre cœur intact. La vraie repentance couvrira toutes les bases et constituera un foyer pour Jésus dans votre vie.

Chapitre 10
Croire les prophètes de Dieu

Croyez les prophètes de Dieu et vous prospérerez. C'est une promesse de Dieu lui-même. Beaucoup de gens ne croient pas et ne font pas confiance au pasteur dont ils sont l'autorité. Si votre pasteur dans votre église locale est un homme de Dieu joint, alors vous avez la promesse de Dieu pour la prospérité.

La Parole est spécifique dans ce domaine. Seconde Chroniques 20: 20b, dit Croyance en le Seigneur votre Dieu et vous serez établis; crois ses prophètes et tu prospéreras.

L'homme de Dieu peut vous dire de faire quelque chose qui ne semble pas normal à l'esprit naturel, mais si ce n'est pas un péché, votre travail est de faire ce qu'il dit. Notre homme de Dieu a dit de sauter de haut en bas. Bien à l'esprit naturel, cela ne semblait pas juste. Dans 2 Chroniques 20, le prophète de Dieu a demandé à l'armée d'Israël de chanter et de louer Dieu d'aller au combat.

Pour l'esprit naturel, cela peut sembler inexact: lors d'un combat, vous ne combattez pas en général en chantant et en louant. Cependant, la bénédiction qui accompagnait les gens qui croyaient en le prophète de Dieu guérissait dans leurs corps. Dieu ne vous dit pas quelque chose que vous ne pouvez pas faire ou que vous ne recevrez pas de bénédiction. Il cherche toujours ses enfants. J'essaie toujours d'obtenir une bénédiction entre vos mains. Pensez-y une minute. Vous êtes à l'église et votre pasteur dit à tout le monde de commencer à sauter. Ce n'est pas quelque chose qui se passe dans une église. Mais souvenez-vous de Dieu, qui a fait tomber un mur parce que certaines personnes l'ont contourné sept fois quand on leur a dit de tout faire et qu'il fera tout. Ses prophètes sont ses outils! Les outils que Dieu a utilisés peuvent être petits, gros, blancs, bruns, noirs, jaunes, un homme ou une femme. Ils peuvent être un outil éduqué ou un outil non éduqué. Dieu a juste besoin d'un navire prêt à faire le travail. Un navire volontaire est également un navire obéissant.

J'ai entendu parler d'une femme qui a cru ce que son pasteur a dit et a commencé à le partager avec son employeur. Cette femme était la femme de ménage d'une femme riche. Un jour, cette riche femme fut condamnée par Dieu à faire quelque chose pour sa bonne et lui apporta une maison coûtant 1 million de dollars. Cette femme de ménage a prospéré après avoir partagé ce que l'homme de Dieu enseignait dans son église. Voyez-vous quelqu'un qui vous achète une maison qui vous coûte 1 million de dollars et vous la donne?

Quand vous croyez les prophètes de Dieu et faites savoir aux autres que vous le faites, vous ne savez pas ce que cela va faire aux autres. La conviction de Dieu peut envahir cette personne et lui faire vous bénir comme vous ne l'imaginez jamais. Vous prospérerez toujours si vous croyez les prophètes de Dieu. Pourquoi je peux dire ça? A cause de Dieu Croyez les prophètes de Dieu et vous prospérerez.

Il y a d'autres histoires dans le Corps du Christ d'hommes et de femmes prospères parce qu'ils croyaient au prophète de Dieu. Un célèbre prédicateur d'aujourd'hui a vu une femme enseigner le Saint-Esprit et, à cause d'elle, a trouvé le Saint-Esprit pour lui-même. Il n'a pas prospéré financièrement, mais prospéré spirituellement. Aujourd'hui, il est utilisé dans le monde entier. Le Seigneur travaille avec lui pour libérer le captif. Le choix fait par l'homme à Pittsburgh était le choix le plus judicieux qu'il aurait pu faire. Beaucoup de vies ont été touchées parce qu'il a entendu le prophète enseigner sur le Saint-Esprit.

Un autre homme de Dieu célèbre a entendu parler de la guérison et a guéri la nation. Beaucoup de gens qui seraient morts sont vivants à cause de lui.

Les prophètes de Dieu ne sont pas justes pour vous, mais pour tous ceux avec qui vous entrez en contact. Quand tu vas à l'église, n'écoute pas le message juste pour toi; écoutez le message pour les autres. Écoutez l'homme de Dieu avec un cœur pour devenir un faiseur de la Parole, et pas seulement un auditeur.

Qui est le prophète de Dieu? Un homme ou une femme plein du Saint-Esprit et de la foi. Pour entendre Dieu, vous devez être rempli du Saint-Esprit de Dieu. La Parole dit que Dieu est un esprit, et il nous parle par notre esprit.

De plus, vous devez avoir la foi. Dieu dit de lui plaire, il faut avoir la foi. En fait, la Bible nous dit qu'il est impossible de plaire à Dieu sans foi. Être rempli du Saint-Esprit chassera tout ce qui n'est pas de Dieu en vous. Une personne remplie du Saint-Esprit passera du temps avec Dieu et développera une relation avec lui. Vous devriez aussi être rempli du Saint-Esprit pour pouvoir entendre l'Esprit de Dieu lorsqu'il parle par l'intermédiaire de ses prophètes. Si vous n'êtes pas en accord avec le Saint-Esprit, vous risquez de manquer quelque chose que Dieu veut que vous entendiez ou que vous ayez.

Croire que les prophètes de Dieu peuvent sauver vos proches. Vous devez recevoir ce que dit l'homme de Dieu. Si l'homme de Dieu prononce une bénédiction sur vos proches et qu'ils ne sont pas présents dans l'auditoire, vous pouvez le recevoir pour eux. Cela peut être pour le salut, la guérison ou d'autres types de bénédictions. Croyez le prophète et recevez et partagez une bénédiction avec vos êtres chers.

Tout ce que Dieu fait n'est pas juste pour vous. Dans le Royaume de Dieu, les bénédictions abondent pour tous les hommes. Récemment, l'homme de Dieu qui dirige notre maison nous a dit que Dieu voulait proclamer un jeûne, il l'appelait trente et un jours de gloire.

Si vous ne communiquez pas avec ce que l'Homme de Dieu a dit, vous risquez de vous priver de la bénédiction qui viendra en réponse à votre obéissance à croire le prophètc de Dieu. Notre pasteur ne disait pas de bêtises; Dieu lui a dit de déclarer un jeûne à l'échelle de l'église pour le mois de juillet. L'assignation de Dieu était une onction pour jeûner. Dieu ne vous donne pas une tâche sans vous donner les moyens de la remplir. Ceux qui ont dit qu'ils ne pouvaient pas jeûné en réalité ne veulent pas le faire.

Il y avait un certain roi qui croyait au prophète Daniel (Dan.5). Ce roi n'est pas né de nouveau, mais parce qu'il croyait en le prophète de Dieu. Dieu l'a fait prospérer. Au début, il n'avait pas de relation personnelle avec Dieu. Dieu fit tomber la prospérité sur ce roi parce qu'il croyait en Daniel. Si vous n'avez pas de véritable homme de Dieu dans votre ville, trouvez-en un et assistez à son église. Je veux dire un homme qui est plein de foi et du Saint-Esprit. Il ne peut pas être moitié-moitié comme la crème que vous mettez dans le café. Il doit être la vraie chose.

Un véritable homme de Dieu vous fera grandir dans tous les domaines de votre vie. Il vous mettra au défi de vivre une vie sainte. Si vous devez parcourir 400 miles dans un sens, faites-le. À long terme, l'éternité est en jeu. Le prix est trop élevé pour que vous ayez à vous soucier de parcourir 400 km dans un sens unique. La croissance vous rattrapera! A cause de ta fidélité Dieu est obligé de vous bénir dans tous les domaines de votre vie.

Notre église est à Sacramento, en Californie et nous avons des gens qui conduisent chaque mercredi et dimanche de la Bay Area à l'église. Ils sont bénis et sont également une bénédiction pour les autres membres du Corps de Christ local ici. La raison principale pour laquelle ils effectuent cette campagne chaque mercredi et dimanche est qu'ils croient au prophète de Dieu. Un vrai signe de la validité du prophète de Dieu est que vous développez votre relation personnelle avec Dieu et votre vie personnelle. Si l'une de ces choses ne se produit pas, cela peut indiquer que vous n'écoutez pas vraiment ou que l'homme n'est pas un vrai prophète de Dieu.

Si vous connaissez l'histoire de Pierre, vous vous souviendrez que Jésus l'a dit à Pierre pour nourrir ses brebis. Quand tu es nourri, tu grandis. Si vous ne grandissez pas, examinez si vous avez posé des enjeux. Je ne veux pas critiquer mes frères et mes sœurs du Corps de Christ, mais chacun de nous devrait grandir dans sa relation avec le Seigneur. Si vous n'avez pas grandi, vous devez parler au médecin spirituel, Jésus, pour découvrir ce qui affecte votre croissance spirituelle. Il se pourrait que vous ne croyiez pas les prophètes de Dieu. Si les enjeux que vous avez fixés s'exercent dans la chaire de l'un des prophètes de Dieu, vous avez alors le choix de revenir en arrière et de les supprimer.

Vous pourriez dire: «Je n'ai pas encore réglé le problème de mon homme de Dieu, mais je ne crois pas que ce qu'il dit est venu de Dieu.» S'il y a un fruit de la vie de l'homme de Dieu, alors vous devriez savoir qu'il est le prophète de Dieu.

Dieu a dit à Moïse de conduire son peuple hors d'Égypte. Quand les Égyptiens ne croyaient pas à Moïse, ils étaient détruits. Dieu ne vous détruira pas, mais être méfiant de l'homme de Dieu peut entraîner la fermeture des portes autour de vous. La bonté viendra à vous et vous ne pourrez pas le voir. La faveur vous poursuivra et vous ne saurez pas qu'elle vous regarde en face. Pourquoi? Parce que quand vous ne croyez pas les prophètes de Dieu, vous vous sortez du savoir.

Le problème qui échappe au contrôle du Corps de Christ aujourd'hui est le manque de croyance ou de confiance en l'homme de Dieu. Saints, notre travail n'est pas de dire à l'homme de Dieu quoi faire. Si vous pensez qu'ils n'entendent pas parler de Dieu, votre travail consiste à prier pour eux. Lorsque vous ne le faites pas, vous vous présentez en juge.

Par conséquent, vous n'avez ni excuse, ni défense, ni justification, homme, qui que vous soyez, qui juge et condamne un autre. En vous faisant passer pour un juge et en condamnant un autre, vous vous condamnez vous-même, car vous qui jugez pratiquez habituellement les mêmes choses (que vous censurez et dénoncez) (Rom. 2: 1).

Dieu vous dit de ne pas juger et condamner un autre. Ne confondez pas l'incompréhension et l'incrédulité, ce sont des choses différentes. Si vous ne comprenez pas le prophète de Dieu, allez prier et demandez à Dieu de vous révéler ce que l'homme de Dieu a dit. Ne le jetez pas de côté et ne croyez pas ce que l'homme de Dieu a dit. Vous pouvez vous sortir de la position de travail dans l'incrédulité!

Si le prophète de Dieu vous dit de courir, levez-vous et courez. Ne restez pas assis là à laisser l'esprit de fierté se mêler à votre vie. Vous pourriez ne pas comprendre pourquoi il vous dit de courir, mais Dieu le sait, et il a besoin de votre obéissance. Dans notre église, un homme de Dieu était en visite et il a dit à toute une rangée de personnes de se lever et de courir. Le pouvoir de Dieu frappa chacun d'eux et, quoi qu'ils fussent en train de croire en Dieu, ils l'obtinrent à cause de leur obéissance. Cela semble ridicule à l'esprit naturel - de courir à l'église. Rappelez-vous que les voies de Dieu sont plus hautes que nos voies et que ses pensées sont plus hautes que nos pensées.

Toujours opérer dans un esprit de conviction! Vous constaterez que des bénédictions vous envahissent lorsque vous agissez dans un esprit de conviction. Le prophète de Dieu ne sait peut-être pas pourquoi il vous dit de courir, mais il sait qu'à la fin, une récompense vous attend, si vous croyez, croyez, croyez. Que chaque personne soit loyalement soumise aux autorités (civiles) gouvernantes.

Car il n'y a d'autorité que Dieu (par sa permission, sa sanction), et ceux qui existent le font par sa nomination. Rendez à tous les hommes leurs redevances. (Payer) des impôts pour lesquels des impôts sont dus, des revenus pour des revenus, un respect, des honneurs et des honneurs (Rom 13: 5-7).

Nous pouvons honorer notre homme de Dieu en payant pour leur soutien et en croyant ce qu'ils prêchent. Dieu nous dit de rendre honneur à qui est dû cet honneur. Je ne peux pas penser à une autre personne à qui l'honneur est dû, plus que les prophètes de Dieu. Vous les honorez en croyant et en agissant sur la Parole de Dieu qu'ils vous livrent chaque fois que les portes de l'église sont ouvertes. Dans le Corps du Christ, le pasteur ou le berger de l'Église est l'autorité dirigeante. Nous devons être fidèles au pasteur. Ne maudissez pas l'homme de Dieu, priez et demandez à Dieu de vous révéler si vous avez manqué la parole, ou demandez au prophète de Dieu s'ils l'ont manquée.

Je sais que j'ai dit homme, mais cela peut aussi être une femme. Dans le livre des Actes, il est question des filles de Philip qui étaient prophétesses.

Pourquoi les cinq dons du ministère ont-ils été donnés par Jésus? La raison était d'équiper les saints. Vous ne pouvez pas vous équiper si vous ne croyez pas ce que votre instructeur vous dit.

D'une certaine manière, le prophète de Dieu est un instructeur qui vous dit ce que le Seigneur Jésus veut que vous appreniez afin que vous puissiez être outillé pour combattre le diable et ses démons et être victorieux dans la vie. La quantité de victoire que vous rencontrez dans la vie est donc directement liée à votre confiance dans les prophètes de Dieu. Dieu nous dit de ne pas être seulement un auditeur de la Parole, mais un pratiquant de la Parole. Vous ne pouvez pas dire que vous êtes un faiseur de la Parole si vous ne croyez pas le prophète de Dieu. Vous vous tirez une balle dans un pied et casser l'autre pied. Vous n'agissez pas dans la foi, parce que vous ne croyez pas le prophète de Dieu.

Satan vient plus vite, alors vous pouvez dire «crier» pour voler la Parole semée dans votre cœur. Si vous ne croyez pas le prophète, alors la Parole que vous entendez tombe sur un terrain dur et inamovible. Cela ne vous sert à rien. Vous venez d'entendre et n'avez pris aucune mesure pour l'appliquer à votre vie. Pourquoi? Parce que tu n'as pas cru le prophète de Dieu. Oui, il y a des gens qui ne sont pas de vrais prophètes de Dieu. Vous connaîtrez le vrai prophète; c'est lui qui a tous les fruits qui les suivent. Pas les gens qui suivent, mais les fruits qui suivent!

Leur mode de vie est un exemple de Jésus. Ils parlent comme Dieu et bougent comme Dieu. Ce sont des hommes ou des femmes bénis qui entrent et qui sortent bénis. Ils parlent vraiment et marchent. Lorsque vous êtes en leur présence, vous sentez la présence de Dieu.

Dieu produit des hommes et des femmes qui ne compromettront pas Sa Parole en ces derniers jours. Ce sont des hommes ou des femmes dont la vie est sainte et irréprochable. Ce sont des hommes ou des femmes qui cherchent le cœur de Dieu avec tout leur esprit, leur âme, leur esprit et leurs pensées.

Les vrais prophètes de Dieu ne se vantent pas d'eux-mêmes, mais leurs dons les amènent devant de grands hommes. L'onction de Dieu est dans leur vie pour la grandeur. Tout ce qu'ils touchent avec leurs mains apporte la gloire à Dieu. Connaissez-vous quelqu'un comme ça? Si vous êtes dans leur église grande, si vous ne l'êtes pas, alors trouvez un vrai prophète de Dieu, de sorte que les bénédictions de Dieu puissent vous parvenir plus rapidement.

Je ne dis pas que Dieu doit utiliser un prophète, mais je dis que certaines choses que nous voulons de Dieu doivent venir du prophète des mains de Dieu. L'onction de Dieu sur ce prophète peut accomplir la volonté de Dieu dans votre vie.

Chapitre 11
La protection dramatique du Seigneur

Le Seigneur est notre bouclier dans les moments difficiles. Vous avez probablement tous entendu parler de l'histoire de Shadrack, Meshach et Abednego, qui ont été placés dans la fournaise ardente à cause de leur foi en le Dieu tout puissant. Les Ecritures de Daniel décrivent la protection dramatique du Seigneur comme aucune autre. «Regardez, répondit-il, je vois quatre hommes perdus qui marchent au milieu du feu; et ils ne sont pas blessés, et la forme du quatrième est semblable au Fils de Dieu » (Dan. 3:25).

Shadrack, Méschac et Abed Nego ne s'inclinaient pas du tout devant l'ennemi et, à cause de leur courage, Dieu leur est arrivé d'une manière dramatique. Image comment le roi Nebucadnetsar s'est senti lorsqu'il a vu quatre hommes au lieu de trois hommes marchant dans la fournaise! La foi que ces hommes ont manifestée face à la mort est incroyable. Si chaque chrétien faisait preuve du même courage que ces hommes, notre monde serait aujourd'hui complètement sauvé. A cause de leur foi en Dieu, le roi ordonna à tout le monde d'adorer le dieu Shadrack, Meshach et Abed Nego. Le roi a également reconnu que Shadrack, Meshach et Abed Nego avaient confiance en Dieu de tout leur cœur. Ce genre de confiance amènera le diable à rendre immédiatement tous ses captifs.

Le roi Nebucadnetsar a appelé Shadrack, Méschac et Abed Nego, serviteurs du Dieu suprême. Ce que le roi disait, c'est qu'il n'y a pas d'autre dieu que le dieu suprême qui puisse nous délivrer du pouvoir du feu. Cette même délivrance est disponible aujourd'hui parce que Jésus est le même hier, aujourd'hui et à jamais. Dieu ne change jamais!

Si cette protection est disponible aujourd'hui; pourquoi n'entendons-nous pas parler de chrétiens délivrés comme Shadrack, Meshach et Abed-Nego? Si cette protection spectaculaire du Seigneur est toujours disponible; comment les chrétiens descendent-ils chaque jour du diable et de ses démons? L'incident de la fournaise ardente n'est qu'un avant-goût de la protection que Dieu accorde à son peuple.

Une des raisons pour lesquelles nous n'entendons pas parler d'incidents comme celui de la fournaise ardente est que les chrétiens négligent la protection quotidienne de Dieu et la prennent pour acquise. Vous ne pouvez pas être jeté dans une fournaise, mais dans ce monde, vous faites face à des situations de mort chaque jour.

Ma femme conduisait sur l'autoroute à 65 miles à l'heure; quand son pneu avant est devenu crevé; Dieu lui a permis de sortir de l'autoroute sur la rampe sans incident ni perte de contrôle de la voiture. Elle n'a pas été placée dans un four, mais sa vie était en danger. Sans la protection spectaculaire du Seigneur, il est possible qu'elle ne soit pas ici aujourd'hui ou gravement blessée.

Je rentrais chez moi en voiture quand une jeune fille est soudainement apparue devant ma camionnette; Je n'ai pas eu le temps de m'arrêter, mais elle a été placée sur le trottoir sans être blessée. C'était la protection spectaculaire du Seigneur au nom de ma famille, de cette jeune fille et de moi-même. Le Dieu suprême ne fait jamais de pause. Il a dit qu'il ne vous quitterait jamais ni ne vous abandonnerait! Jésus est en garde vingt-quatre sept. Il veille toujours sur son peuple.

Shadrach, Méschac et Abed Nego étaient protégés par Dieu parce qu'ils avaient confiance en lui. Ils n'avaient pas peur de dire au roi qu'ils n'adoreraient pas son dieu et qu'ils ne cesseraient pas de louer leur Dieu. Nous ne devons pas avoir honte de l'évangile de Jésus-Christ, car c'est le pouvoir du salut. Si vous devenez audacieux comme les trois hommes hébreux et faites confiance en lui, il n'y a pas de démon en enfer qui puisse arrêter le pouvoir de Dieu en votre nom.

Être placé dans un four sept fois plus chaud que d'habitude n'est pas une blague. Le roi Nebucadnetsar allait s'assurer que les trois Hébreux étaient morts. Shadrach, Meshach et Abed-Nego étaient exposés; ils n'avaient pas le temps pour la faiblesse. Ils ont tout mis en jeu, persuadés que leur Dieu les protégerait mais les délivrerait. Ils n'étaient pas un tas de barres de fruits aux noix. Ils étaient de vrais hommes! Les vrais hommes non seulement aiment Dieu, mais ils font confiance à Dieu de tout leur cœur, de tout leur esprit et de toute leur âme.

La protection spectaculaire du Seigneur attend que chaque croyant né de nouveau le réclame. Le Seigneur Jésus-Christ a frappé votre billet au Calvaire.

Tout ce que vous avez à faire maintenant, c'est de prendre le train de la confiance. Un trajet en train de la confiance n'est pas cher, mais est un aller simple. Il n'y a pas de billets aller-retour car tous les trains vont directement à Jésus.

Jésus est notre protection dramatique! Tout ce dont nous avons besoin est en lui. Je peux penser à plusieurs fois où Jésus m'a protégé alors que j'étais dans le monde plutôt que de l'aimer. Dans un cas, j'étais en poste à la base aérienne de Scott, dans l'Illinois. Je conduisais sur l'autoroute entre East Saint Louis (Illinois) et Belleville (Illinois).

J'ai commencé à m'endormir et quand je me suis réveillé, j'étais dans un fossé. Deux jeunes hommes essayaient de me faire retirer mes pédales de l'accélérateur. Ils m'ont dit que j'avais commencé dans la voie la plus à gauche de l'autoroute à six voies et que je commençais à suivre une voie à la fois. Ils m'ont dit que pas une seule voiture ne devait s'arrêter pour éviter de me frapper et que je finissais par atteindre le fossé.

Ils ont retourné leur véhicule et sont revenus pour me surveiller. Je n'étais pas sauvé à l'époque, mais la protection spectaculaire du Seigneur était centrée sur moi. Si j'étais mort cette nuit-là, je n'aurais pas réalisé le plan de Dieu pour ma vie. Qu'est-ce que le diable et moi-même voulions dire par mal? Dieu s'est retourné pour de bon. Je faisais partie du plan du mal parce que c'est là que mon cœur était cette nuit-là.

Je n'ai pas reconnu que j'étais sous la protection du Seigneur lors de cette froide nuit de 1972 jusqu'à ce que je sois sauvé. Combien de personnes sont dans le même bateau? La protection dramatique de Dieu est en vigueur dans leur vie et ils n'ont pas la conscience spirituelle de la protection de Dieu. En vous protégeant, parfois, Dieu permettra à vos ennemis de faire l'expérience de la mort. Les hommes qui mirent Schadrac, Méschac et Abed Nego dans le fourneau ont été tués par la flamme de ce même feu. Si vous attendez le Seigneur et faites confiance au Seigneur, il vous promouvra. Le roi promut Schadrac, Méschac et Abed Nego, car ils refusaient de livrer leurs corps pour adorer un dieu autre que leur propre Dieu! Quelle déclaration ils ont faite!

Croyez au Seigneur et observez sa protection spectaculaire. Dieu n'est pas égoïste avec sa faveur, s'il l'a fait pour un, il doit le faire pour tous. Si vous pouvez trouver dans la Bible où Dieu a protégé quelqu'un, alors il doit vous protéger. Si les chrétiens d'aujourd'hui se comportaient comme leurs anciens frères, le mal quitterait leur quartier.

Je crois que la fidélité de ces trois hommes hébreux a également aidé le roi Nebucadnetsar à se libérer du péché et à faire preuve de miséricorde envers les pauvres. Le roi est passé d'une relation personnelle avec Dieu à une relation personnelle permanente avec Dieu et à la reconnaissance de la royauté de Dieu plutôt que de sa propre autorité. Nabuchodonosor a loué Dieu et a abandonné sa royauté à son règne ultime. C'est une leçon que chaque personne pourrait apprendre: nous sommes rois dans cette vie!

Regardez les nouvelles d'aujourd'hui: le mal est à la hausse. La confiance dans le Seigneur et sa bonté ont disparu aujourd'hui. L'attitude miséricordieuse de Dieu est évidente partout où vous regardez! Sans la miséricorde de Dieu, nous serions en mesure de construire une crique sans pagaie. Si nous pouvions abandonner nos vies à Dieu, reconnaissant Son règne ultime dans tout ce que nous faisons, alors sa protection spectaculaire serait librement reconnue.

Ma fille a découvert la protection dramatique de Dieu. Alors qu'elle rendait visite à sa tante à Los Angeles, elle est allée à l'église et a entendu un message sur Job. Dans le message, elle a entendu dire que vous deviez vous débarrasser des choses et des personnes qui vous empêchent de faire ce que Dieu a voulu faire dans votre vie. Elle avait un petit ami qui lui était inégalement attelé. Sa mère et moi avions prié il y a quelque temps pour que tous nos enfants s'alignent sur la Parole de Dieu.

Ma fille a appris, deux jours après son retour de Los Angeles, que son petit ami était en train de rigoler avec quelqu'un d'autre. Elle a reçu un appel téléphonique d'un ami qui lui a demandé quel était le nom de son petit ami. Il s'est avéré qu'à ce moment-là, il était chez son ami et a rencontré une autre jeune femme.

Dieu regardait le dos de ma fille! La protection dramatique du Seigneur est en place pour vous protéger de tous les projets du diable. Ma fille avait été bien dressée par le diable. Son plan était de la distraire de ce que Dieu veut faire dans sa vie.

Sa mère l'avait prévenue à propos de ce type; qu'il n'était pas ce que Dieu voulait pour sa vie, mais elle était désobéissante et n'écoutait pas. Dieu est un Dieu génial. Un Dieu qui sait tout! Vous pourriez penser que vous partez avec quelque chose, mais le Dieu de l'univers voit tout et sait tout. Il a protégé les sentiments de ma fille afin qu'elle ne soit plus blessée. Ce type était un outil du diable, utilisé pour distraire ma fille de son plan et de son but dans la vie. Ce gars a dit toutes les bonnes choses et a agi de la bonne manière! Le diable vient comme un ange de lumière.

Dieu peut permettre à quelque chose de douloureux de continuer à vous aider à développer votre relation avec lui, mais à la fin, nous gagnons. Ma fille ne s'est pas sentie blessée du tout lorsqu'elle a compris qu'elle devait rompre avec lui. C'était sa décision, pas la nôtre, et tout va bien. Le Seigneur a dit qu'il ne nous quitterait pas et ne nous abandonnerait pas et il le pensait sincèrement. Ma fille unique a appris une leçon de vie précieuse sur la déception du diable. Il vient pour tuer, voler et détruire. Mais savez-vous ce qu'il vient tuer, voler et détruire? C'est ta relation avec Dieu. Si vous n'avez pas de relation avec Dieu, vous ne pouvez pas entendre Dieu comme vous le devriez. Par conséquent, vous entrez dans des relations et des affaires impies que Dieu n'a pas ordonnées pour votre vie. Si vous êtes prêt à faire quelque chose que Dieu n'a pas ordonné dans la vie, vous vivez alors en dehors de la volonté de Dieu.

Il y a beaucoup de gens aujourd'hui qui ne vivent pas dans la volonté de Dieu. Beaucoup de mariages sont brisés parce que Dieu n'a pas ordonné aux gens de se marier l'un à l'autre. De nombreux partenariats commerciaux ont échoué parce que Dieu n'a pas ordonné aux partenaires de travailler ensemble. Dieu obtiendra la gloire de la vie de mon ex-petit ami fille parce que nous servons un Dieu génial, un Dieu aimant, un Dieu puissant, un Dieu fidèle, un Dieu bienveillant. Il ne sait pas que le diable l'utilise, tout comme beaucoup de gens dans le monde ne savent pas que le diable les influence.

Quand j'avais douze ans, je vivais à Martinsburg, en Virginie occidentale, avec ma grand-mère Fannie Marks. Il y avait une rivière à proximité de laquelle beaucoup d'enfants aimaient jouer, mais ma grand-mère m'a averti de ne pas y aller.

Je n'étais pas obéissant et mon cousin George Johnson et moi y sommes allés quand même. Il est allé au nord en remontant la rivière et moi au sud en remontant la rivière. Enfant, je ne cherchais pas toujours où j'allais. Une partie de la banque était molle et je suis tombé dans la rivière. La rivière était profonde et je ne savais pas nager!

Je me souviens d'avoir sombré quand tout à coup, quelqu'un m'a prise et m'a mise à la banque. Mon cousin n'était pas là, personne d'autre non plus. Quand mon cousin est revenu, il a demandé ce qui m'était arrivé. Je lui ai dit que je suis tombé dans la rivière mais je ne lui ai jamais dit que je ne savais pas nager et que personne ne m'avait sortie de la rivière.

Nous craignions que ma grand-mère découvre que j'étais tombée dans la rivière. Nous avons donc marché très lentement à la maison pour que je puisse me sécher. Je n'ai raconté à personne ce qui s'était passé après mon arrivée. Je n'étais pas sûr de ce qui s'était passé. Tout ce que je savais, c'est que je m'endormais, et tout à coup, j'ai été récupérée dans cette eau et placée sur la rive. Ce que je sais maintenant, c'est que la protection spectaculaire du Seigneur était en action ce jour-là à Martinsburg, en Virginie occidentale, et qu'un garçon de 12 ans a été sauvé de la noyade.

Une fois que j'ai reçu le remplissage du Saint-Esprit, j'ai commencé à reconnaître des incidents dans ma vie qui ont montré que Dieu était si fidèle. Dans notre église, nous chantons une chanson qui passe en revue nos vies et la fidélité de Dieu. C'est la vérité honnête! Quand je repense à ma vie, je peux voir la protection spectaculaire du Seigneur dans ma vie. Daniel 9: 9 est l'Écriture parfaite qui parle de ma vie. Au Seigneur, notre Dieu appartient à la miséricorde et au pardon, même si nous nous sommes rebellés contre lui.

La miséricorde du Seigneur m'a couvert comme une couverture et m'a protégé. Je ne devrais pas être ici aujourd'hui à vous écrire. Si le diable avait réussi, je me serais noyé dans cette rivière de Virginie occidentale. Après le décès de ma grand-mère, je suis allée vivre avec mon père et ma belle-mère dans mon lieu de naissance, à New Castle, en Pennsylvanie.

Un soir, nous nous apprêtions à tourner dans notre allée et une voiture descendit la rue à 100 milles à l'heure. Il s'est empilé de nous du côté même où j'étais assis. Je n'ai pas reçu une contusion ou une coupure. J'aurais pu mourir dans cet accident de voiture il y a 36 ans. Encore une fois, Dieu me protégeait. Le diable essayait de me tuer pour que je ne puisse pas écrire ce livre qui libérerait les captifs. Ces deux incidents se sont produits avant que je n'atteigne l'âge adulte.

Pensez au nombre de personnes qui ont perdu la vie avant de devenir adultes ou de réaliser le plan et le but de leur vie. Le plan et le but de Dieu sont impressionnants et ont été conçus avant la fondation de la terre. Je m'étais mis dans la mauvaise position ce jour-là au bord de la rivière et Dieu est toujours passé.

Ma grand-mère avait une sagesse sur les rivières et sur ce qu'elles peuvent vous faire. Je manquais de sagesse concernant les rivières et ce qu'elles peuvent vous faire. En étant désobéissant, j'ai presque perdu la vie à un âge précoce. Dieu est intervenu et je crois avoir changé le cours de ma vie. Ce n'était pas une illustration dramatique de la présence personnelle et de la protection du Seigneur à cause de mon témoignage, mais c'était une illustration dramatique de la présence personnelle et de la protection du Seigneur à cause de son amour pour l'humanité.

Dieu avait un plan et un but pour ma vie et je n'avais pas commencé à réaliser ce plan et ce but en cette chaude journée d'été en Virginie-Occidentale.

J'ai été élevé dans une église baptiste et j'ai toujours aimé y aller, mais personne ne m'a vraiment demandé d'accepter Jésus comme mon Seigneur et mon Sauveur jusqu'à mon affectation à Rickenbacker AFB, Ohio (Columbus, Ohio). J'avais 32 ans avant de demander Jésus dans mon cœur. Je n'ai jamais connu la puissance de Dieu avant d'avoir reçu le Saint-Esprit de Dieu en juillet 1992 à Sacramento, en Californie. Dieu m'a gardé jusqu'à ce que je reçoive son fils. Je pensais être sauvé parce que j'étais allé à l'église toute ma vie. Combien d'entre vous sont dans ce même bateau? Si vous quittez cette terre aujourd'hui, vous irez en Enfer parce que vous n'avez pas accepté le Fils du Dieu vivant comme ton Seigneur et Sauveur personnel. Si vous n'avez pas fait de confession verbale selon Romains 10: 9, vous n'êtes pas sauvé. Je me fiche de savoir que vous avez passé 50 ans à l'église, vous n'êtes pas sauvé selon la Parole de vérité (La Bible).

Je pense que certains d'entre vous qui lisez ce livre entrent dans cette catégorie. Vous avez passé toute votre vie dans l'église, mais vous n'avez jamais fait de Jésus votre Seigneur et votre Sauveur. Si vous êtes toujours en vie et bien, commencez à remercier le Seigneur pour sa protection et sa miséricorde dramatiques. Ne prenez pas pour acquis la protection du Seigneur. C'est le Seigneur qui vous protégera des dangers, et le restera toujours. Si vous étiez dans un accident de voiture et que vous viviez à en parler, c'est le Seigneur qui vous a permis de ne pas vous blesser. Alors le roi Nebucadnetsar fut stupéfait. et il se leva précipitamment et parla à ses conseillers: "N'avons-nous pas jeté trois hommes liés au milieu du feu?" Ils répondirent et dirent au roi. "C'est vrai, roi" (Dan. 3:24).

La protection spectaculaire du Seigneur suscitera l'étonnement des gens. Si nous y réfléchissons bien, nous avons tous expérimenté la protection de Dieu dans nos vies. Si nous parlons de nos expériences à quelqu'un, il sera étonné. Ce que le roi Nebucadnetsar a découvert, c'est que nous pouvons être liés, mais lorsque le Seigneur se présentera, nous serons lâches comme une oie. Rien ne peut empêcher la puissance de Dieu d'agir dans votre vie lorsque vous vivez correctement et aligné avec la Parole de Dieu. Aucun démon en enfer ne peut empêcher le pouvoir de Dieu d'agir au nom d'un enfant de Dieu en règle avec Dieu.

Je veux marteler cette pensée dans ton cerveau. Il n'y a pas de démon en enfer qui puisse empêcher la puissance de Dieu d'agir au nom d'un enfant de Dieu en règle avec le Seigneur. Dieu nous a promis de rester debout. Il a dit que je ne vous quitterai jamais ni ne vous abandonnerai (Josué 1: 5). Abandonner, c'est abandonner. Dieu nous a promis de ne pas nous abandonner. Si quelqu'un me dit qu'il ne partira pas ou ne m'abandonnera pas, je veux que ce soit le Dieu d'Abraham, de Jacob et d'Isaac. Laisser signifier lâcher prise. De nouveau, Dieu nous a promis de ne pas nous lâcher. Il nous tient dans la paume de ses mains! Puisque Dieu ne nous abandonnera pas et ne nous laissera pas partir, nous devrions le remercier pour sa protection spectaculaire chaque jour de notre vie.

Chaque jour ne nous est pas promis. C'est par la protection spectaculaire du Seigneur et sa miséricorde que nous voyons un autre jour. Nous ne pouvons pas prendre pour acquis la protection spectaculaire du Seigneur chaque fois. Il connaît chaque cheveu sur votre tête.

Dieu, aide-nous à comprendre que tu sais tout de nous. La Parole dit qu'il nous connaissait lorsque nous nous sommes formés dans le ventre de notre mère. Vous remarquez que cela ne dit pas que nous étions dans le ventre de notre mère, mais quand nous avons été formés dans le ventre de notre mère. Il (Dieu) nous a formés dans le ventre de notre mère. Je sais que je vais perdre certains d'entre vous, mais le père actuel de chaque personne sur cette terre est Dieu. En tant que bon père, pourquoi ne voudrait-il pas protéger ses enfants dignes (sauvés) et ses enfants indignes (non sauvés)?

La Bible dit qu'au début, Dieu a créé l'homme et la femme. Dieu a mis en Adam son système reproducteur et il a mis en veille son système reproducteur. Les premiers enfants d'Adam et Ève sont venus à la suite de ce que Dieu a déposé dans Adam et Ève; qui était lui. De cette première graine, chaque homme et chaque femme est sorti. Mais la graine originale est venue de Dieu et produit encore aujourd'hui. Chaque fois qu'un bébé naît dans ce monde, cette semence de Dieu produit. Si vous ne pensez pas à une telle reproduction, demandez alors à Dieu la révélation. La Parole dit que nous n'avons pas, parce que nous ne demandons pas. Vous pourriez dire que ceux qui ne sont pas sauvés ne sont pas les enfants de Dieu. Eh bien, pourquoi Dieu se soucie-t-il tant des non-sauvés de le connaître?

Regardez un instant l'histoire du fils prodigue (Luc 15: 11-32). Un fils était obéissant et travaillait dans les champs, tandis que l'autre fils (le plus jeune) se rendait dans un pays étranger et dépensait tout son argent. Il était désobéissant. Le père l'aimait toujours même s'il avait dépensé tout son argent. Dieu aime toujours l'enfant non sauvé.

La Parole est très claire, Dieu a tant aimé le monde qu'il a donné son Fils unique (Jean 3:16). Dieu essaie toujours de vous faire rentrer chez lui, et le diable essaie toujours de vous faire rester loin de chez vous.

Plus vous êtes éloigné de Dieu, plus votre expérience de protection du Seigneur est dramatique. Le travail du diable est de vous sortir de la protection spectaculaire du Seigneur. Il ne pourra jamais accomplir cet exploit, mais votre niveau d'expérience ne sera pas aussi élevé qu'il pourrait l'être. Plus vous êtes loin de la présence de Dieu, moins votre niveau d'expérience de la protection spectaculaire du Seigneur sera élevé.

Le niveau d'expérience de certaines personnes en ce qui concerne la protection spectaculaire du Seigneur n'est pas grand-chose, tandis que le niveau d'expérience de certaines personnes en matière de protection spectaculaire du Seigneur est 10 fois plus élevé que la fournaise ardente de Daniel. Cela signifie que le diable ne peut pas s'approcher de vous, à cause de la protection spectaculaire du Seigneur. Je crois que cette protection ne vient que d'une communion constante avec le Seigneur. Ne vous méprenez pas, Dieu protégera tout le monde, mais certaines personnes sont même protégées de rats dans leur maison! Ce n'est peut-être pas un gros problème, c'est ce que je veux dire: la plus petite chose dans notre vie est une grande chose pour Dieu. Il ne nous laisse jamais sortir de sa vue. La protection spectaculaire du Seigneur peut se présenter sous toutes ses formes. Il peut vous protéger de toutes les petites distractions à l'église qui tentent de vous voler la Parole. La Parole dit que Satan vient immédiatement voler la Parole. La protection du Seigneur fera que cette distraction vous échappe afin que la Parole de Dieu ne vous soit pas volée. Vous n'avez peut-être pas pensé à la protection spectaculaire du Seigneur de cette manière; mais si la Parole vous est volée, vous n'avez rien sur quoi vous tenir; exactement ce que veut le diable. Aucun mot dans; pas de mot. Sans votre arme (la Parole), vous n'avez aucune défense contre le diable. Par conséquent, il peut effectuer un touché contre vous et marquer à volonté. La Parole de Dieu est à la fois une défense et une arme offensive contre le diable. Sans la protection spectaculaire du Seigneur, la Parole vous serait volée chaque fois qu'elle vous serait prêchée. Comment arrêtez-vous le diable de vous voler? Dieu a pris soin de ça aussi. Lorsque vous autorisez le Saint-Esprit à vous enseigner, vous vous soumettez au Saint-Esprit; vous empêchez le diable de vous voler la parole. La Parole dit que le Saint-Esprit vous enseignera toute la vérité. Il ne laissera pas le diable vous voler.

Comment autorisez-vous le Saint-Esprit à vous enseigner? En le disant de ta bouche et en cédant au Saint-Esprit. Quand vous diminuez; le Saint-Esprit peut augmenter. Vous pouvez dire: «Je diminue et votre Saint-Esprit augmente». Lorsque ces paroles sont prononcées; vous entendrez des choses de la Parole de Dieu que vous n'avez jamais comprises auparavant.

Non seulement vous comprendrez la Parole de Dieu, mais vous verrez la protection spectaculaire du Seigneur comme jamais auparavant. Dieu est dans tout dans votre vie, mais vous allez enfin le comprendre comme jamais auparavant.

J'ai dit que le Saint-Esprit ne laisserait pas le diable vous voler, mais vous pourriez laisser le diable vous voler. Dieu ne vous arrêtera pas mais fera tout ce qu'il peut en son pouvoir pour vous avertir. C'est à vous d'être obéissant! Si vous obéissez au Saint-Esprit, vous ferez l'expérience de la protection spectaculaire du Seigneur, tout comme l'ont fait les trois jeunes hommes hébreux dans la fournaise ardente. Ils ont également fait appel à autre chose: le courage. Qu'est-ce que le courage a à voir avec la protection spectaculaire du Seigneur?

Sans le courage de l'excellent nom de Jésus et du Père Dieu, les trois jeunes hommes hébreux auraient été de la viande pour le déjeuner sur la table du roi. Ils ne sont pas revenus sur leur position qu'il n'y a qu'un seul Dieu qui mérite d'être servi et adoré. Aujourd'hui, nous acceptons toutes sortes de dieux au lieu de reconnaître qu'il n'y a qu'un seul Dieu et qu'il s'agit du Dieu vivant d'Abraham, de Jacob et d'Isaac.

Le courage apportera la protection spectaculaire du Seigneur à votre défense. Dieu ne peut pas rester les bras croisés et regarder quand vous montrez le genre de courage démontré par les trois jeunes hommes hébreux dans la fournaise ardente. Il y a du bonheur pour ceux dont l'aide ou la protection spectaculaire est le Seigneur.

Ne faites pas confiance aux princes. Ni est l'homme, en qui il n'y a pas d'aide. Son esprit s'en va, il retourne sur sa terre; En ce jour même, ses plans périssent. Heureux celui qui a l'aide du Dieu de Jacob, dont l'espoir est dans le Seigneur, son Dieu (Ps.146: 35).

Heureux celui dont la protection spectaculaire vient du Seigneur et non de l'homme, en qui il n'y a ni aide ni protection. L'homme ne peut pas te protéger; Seul Dieu peut vous protéger. Il existe aujourd'hui une fausse confiance dans le monde. Beaucoup de gens ont installé dans leurs maisons des systèmes d'alarme pour les protéger. C'est une fausse confiance, si quelqu'un pénétrait chez vous par effraction, seule la protection spectaculaire du Seigneur pouvait vous protéger. Vous pouvez tirer sur la personne, mais vous passerez probablement en procès pour l'avoir abattue.

Si la protection spectaculaire du Seigneur est en vigueur; alors la personne peut être arrêtée et détenue par le Seigneur jusqu'à l'arrivée de la police. La plupart des chrétiens agissent comme si le Seigneur était mort, mais la Parole dit que Jésus est ressuscité des morts et est assis à la droite du Père céleste.

L'un des ministères actuels de Jésus est d'intercéder pour nous. Si Jésus intercède pour nous; alors il n'est pas mort, mais vivant! Quand Jésus a marché sur la terre, son ministère enseignait, prêchait et guérissait. Il a laissé l'enseignement, la prédication et la guérison dans nos mains quand il est retourné au ciel. Mais il n'a pas arrêté son ministère; Il a déménagé là où il est aujourd'hui.

La protection est l'un des ministères actuels du Seigneur. Le diable et sa foule savent que Jésus est vivant, mais la plupart des enfants de Dieu ne croient pas que Jésus est vivant. Ils disent qu'ils le font, mais leurs actions n'indiquent pas qu'ils croient qu'il est vivant. Ils n'agissent pas sur leur foi, et sans foi, il est impossible de plaire à Dieu. La foi est un mot d'action! Si vous n'appelez pas à la protection spectaculaire du Seigneur par la foi, vous ne faites pas plaisir à Dieu et vous n'agissez pas dans la foi.

Croyez, croyez, croyez, que Jésus Christ, le Fils du Dieu vivant, est vivant et qu'il fera ce qu'il dit qu'il fera. Jésus est le même hier, aujourd'hui et à jamais! Puisque Jésus est au ciel; Il n'est pas sur la terre pour nous protéger comme il l'a fait pour les premiers disciples, mais sa protection spirituelle dramatique est disponible pour chaque croyant qui atteindra par la foi et l'attrapera.

Tout ce que nous obtenons de Dieu doit passer par l'arène de la foi. Encore une fois, sans foi, il est impossible de plaire à Dieu. Dieu a facilité les choses; Il nous a donné sa foi avec laquelle opérer. Si nous allons opérer avec sa foi; en lui rendant sa foi; nous allons lui plaire. Pouvez-vous voir comment il est si facile pour Dieu de lui plaire? Mais l'homme rend-il si difficile de lui plaire?

Pourquoi n'utilisons-nous pas notre foi pour saisir la protection spectaculaire du Seigneur? Une des raisons est le manque de compréhension concernant notre droit d'utiliser le nom de Jésus! Ce manque de compréhension nous maintiendra dans l'esclavage et nous donnera un sentiment de faiblesse.

Mais quand nous savons que nous savons que nous savons ce que ce nom va faire, nous pouvons prendre notre position légitime d'autorité sur Satan et profiter de la victoire. Nous devrions savoir que le nom de Jésus a autorité et pouvoir sur la terre aujourd'hui et que son nom nous appartient.

La plupart des corps du Christ ne comprennent pas ce que je viens de dire: le nom de Jésus nous appartient et porte autorité et pouvoir sur la terre aujourd'hui. La plupart n'ont pas pris leur juste position d'autorité sur Satan. Jésus est mort pour vous donner une protection dramatique.

Une autre raison pour laquelle nous n'utilisons pas notre foi pour saisir la protection spectaculaire du Seigneur est notre manque de compréhension quant à la manière d'agir sur la Parole. Nous devrions cesser d'essayer de faire fonctionner la Parole de Dieu et commencer à agir sur la Parole. Si nous savons que la Parole est vraie et si nous agissons comme si elle était vraie, cela devient une réalité dans nos vies.

Notre pasteur a agi conformément à la Parole au lieu d'essayer de croire en apportant l'église qui est maintenant notre chapelle, sans argent, mais par la foi, il a acheté un immeuble de 3 millions de dollars pour 825 000 $. Il n'avait que cinquante personnes dans sa congrégation à ce moment-là. Il a agi comme si la parole était vraie.

La foi appelle ces choses qui ne sont pas dans l'existence! Dans la banque spirituelle, chacun de nous a un compte de protection spectaculaire. Nous devons atteindre l'Esprit et demander que notre protection spectaculaire du Seigneur existe. Votre compte de protection dramatique peut être complet parce que vous ne l'utilisez pas. Certains d'entre vous n'ont jamais utilisé votre compte de protection dramatique. Certains d'entre vous n'ont jamais fait appel aux anges du Seigneur pour vous aider sous quelque forme que ce soit. J'espère que vous allez commencer à faire appel à votre compte de protection dramatique. C'est à toi!

Pourquoi refuses-tu de l'utiliser? Le Seigneur a ouvert votre compte au Calvaire il y a plus de 2000 ans et il attend votre participation. Au fur et à mesure que votre foi grandit, vous commencez à posséder des droits en Christ. Vous commencez à saisir ce qui vous appartient en Christ. Vous commencez à vous occuper de choses que vous n'espériez qu'avant.

Vous espériez une protection auparavant, mais maintenant, par la foi, vous l'avez. Si vous êtes malade, vous devez avouer: «Je suis guéri par ses meurtrissures!». Vous ne pouvez pas l'avouer et avouer que vous êtes toujours malade en même temps! Si vous dites que vous êtes toujours malade, alors vous acceptez peut-être que la Parole est toujours vraie, mais vous ne l'avez pas fait et ne l'avez pas reçue pour vous-même dans votre propre vie. Si vous dites: «Par ses meurtrissures, je suis guéri et, par conséquent, je ne suis pas malade», alors vous agissez selon la Parole.

Vous pouvez atteindre cet endroit de marcher dans la santé divine en agissant sur la Parole de Dieu. La protection spectaculaire du Seigneur fait partie du paquet du salut. Les mots hébreux et grecs pour le salut impliquent les idées de délivrance, de sécurité, de préservation, de guérison et de solidité. Nous devons croire en la Parole de Dieu! La sécurité et la protection sont les mêmes choses. Si Dieu protégeait trois jeunes hommes hébreux qui n'étaient pas nés de nouveau et qui étaient sous l'ancienne alliance, combien plus va-t-il protéger ses enfants qui sont sous une nouvelle et meilleure alliance?

Jésus revient, que nous le croyions ou non. Il vient parce que la Parole le dit. La résurrection aura lieu que nous ayons la foi ou non. Que nous y croyions ou non, cela va encore avoir lieu. L'enlèvement aura lieu que nous y croyions ou non. Et les êtres chers et les amis qui sont chrétiens, qui sont morts et ont quitté ce monde et sont allés au paradis sont là, indépendamment de ce que nous en croyons. Et ils reviendront avec Jésus quand il reviendra.

Dieu ne fait pas de favoris. Il joue le jeu de la vie par la foi. Pour obtenir la protection spectaculaire du Seigneur agissant dans votre vie, vous devez la réclamer maintenant. La foi est maintenant! Quelqu'un a dit: «Je crois que Dieu va me guérir.» Mais ce n'est pas la foi. C'est l'espoir. Tout ce qui pointe vers l'avenir ou qui regarde vers l'avenir est un espoir. Ce n'est pas la foi parce que la foi est maintenant. Faith dit: «C'est à moi. Je l'ai maintenant.» Hope dit:« Je vais l'obtenir un jour.» Mais tant que vous ne vivez que dans l'espoir et non dans la foi, tout ce que vous voudrez ne se matérialisera jamais, il ne pourra jamais exister. Mais au moment où vous commencez à croire et à agir comme la Parole de Dieu, votre foi travaillera pour vous.

Vous ne pouvez pas croire au-delà de la connaissance réelle. Vous devez savoir ce que dit la Parole. Vous devez dire au Seigneur: «Seigneur, je crois que je reçois la protection dramatique de mon compte spirituel maintenant», c'est lorsque ta foi travaille pour toi. Pourquoi avons-nous besoin de la protection spectaculaire du Seigneur? Parce que Satan, bien qu'il n'ait qu'une influence temporaire, il a un plan contrefait, une imitation rusée du réel.

Nous ne devons pas oublier que Satan est extrêmement intelligent. Quand il est tombé dans sa rébellion, il n'a pas perdu les dons et le génie que Dieu a mis en lui. Il est un maître trompeur.

Voici cinq manières pour Satan, à partir de son royaume sombre, de contrefaire ou d'imiter faussement tout ce que Dieu a fait: (1) Satan offre à ceux qui le suivent une famille contrefaite. (2) Satan a créé un évangile contrefait. (3) Satan a également établi des ministres contrefaits. (4) Satan offre une justice contrefaite. (5) Satan cherche son propre culte contrefait.

Nous sommes dans une bataille féroce avec l'ennemi de nos âmes. La guerre spirituelle est une réalité biblique. Cela se produit que nous le reconnaissions ou non. Satan n'a pas besoin de notre assentiment pour nous attaquer. Si nous ne sommes pas sur nos gardes, portant notre armure spirituelle et équipés des outils de la guerre biblique, il tentera de déchirer nos vies.

Le royaume de Satan est une organisation structurée du mal surnaturel. À l'origine, cela faisait partie de la création parfaite de Christ et était placé sous son autorité. Les Écritures révèlent clairement que le Seigneur Jésus-Christ a créé ceux du royaume de Satan. En tant que Créateur, il tient le royaume des ténèbres devant lui. En tant que royaume structuré, le trône des ténèbres est toujours soumis au Christ. Ainsi, dans le pouvoir du Christ, nous pouvons nous opposer aux stratagèmes du diable. Pour que les buts souverains ne soient connus que de Dieu, il est permis au royaume des ténèbres de continuer à se rebeller et à fonctionner jusqu'à ce que le temps parfait de Dieu vienne juger Satan et son hôte. À ce moment-là, Dieu jettera tous les êtres spirituels déchus dans l'étang de feu préparé pour eux.

Satan, cependant, cherchera à nous distraire de notre régénération spirituelle par l'Esprit par la dégénérescence de notre chair.

Ses attaques seront centrées sur nos appétits corporels (physiques), nos désirs (émotionnels), nos pensées et nos croyances (intellectuelles et spirituelles). Le Seigneur a donné son Saint-Esprit comme protection spectaculaire contre les œuvres de Satan. Il est un ennemi vaincu et gâté! Rappelez-vous que lorsque Satan vient à votre rencontre. La protection spectaculaire du Seigneur vous mènera à la victoire dans tous les domaines de votre vie si vous le laissiez faire.

Chapitre 12
Ce que le sang de Jésus-Christ vous dit

Savez-vous que le sang de Jésus nous parle? La Bible dit que c'est le cas (Hébreux 12: 22-24). Le sang de Jésus-Christ nous parle de huit manières différentes:

- Vous êtes justifié.

- Vous êtes racheté.

- Vous avez la paix.

- Vous êtes la propriété de Dieu.

- Vous avez le salut éternel.

- Vous êtes propre.

- Vous êtes lavé.

- Vous avez la victoire.

Romains 5: 9 dit: Étant maintenant justifiés par son sang, nous serons sauvés de la colère par lui. Justifié est un terme que peu de gens comprennent. Cela signifie la même chose que l'acquitté, déclaré innocent, non coupable. Lorsque vous vous présentez devant un tribunal, un jury entend toutes les preuves, les examine et les rend au verdict avec un verdict. Le verdict sera soit coupable, soit non coupable. C'est ce qui s'est passé au Calvaire.

Là-bas, la plus grande session de la Cour de l'histoire a été organisée pour la race humaine. Le juge était notre père; l'avocat était notre Sauveur, le Seigneur Jésus-Christ. Le jury a rendu le verdict pour tous ceux qui acceptent Jésus dans leur cœur, non coupable!

Nous avons été sauvés, par Jésus-Christ, de la colère de Dieu qui s'abattra sur le monde. Ceux qui acceptent Jésus dans leurs cœurs ont été acquittés de la malédiction qui a été infligée à l'humanité lors de la chute d'Adam, à cause de la mort de Jésus.

Toute l'humanité a été condamnée à la mort éternelle, mais Jésus est mort à notre place. Son sang a parlé à la Cour céleste et a déclaré: «Ils sont justifiés.» Nous avons reçu un don gratuit de Dieu ce grand jour au Calvaire. Romains 6:23 dit: Le salaire du péché, c'est la mort. Mais le don de Dieu est la vie éternelle par Jésus-Christ notre Seigneur.

Pour être justifié, vous devez croire, croire, croire. Cela ne vous fera aucun bien de savoir que le sang de Jésus-Christ parle pour vous, vous devez croire sans aucun doute que le sang de Jésus-Christ parle pour vous. Votre bien-être éternel dépend de ce que vous croyez. Le sang de Jésus-Christ vous a justifié! Vous devez penser comme Dieu pour avoir ce que Dieu vous a donné. La Parole dit que l'Agneau de Dieu a été tué pour le monde. Si vous tuez un animal, vous aurez du sang versé. L'Agneau de Dieu est Jésus-Christ qui a été immolé au Calvaire pour le péché du monde. Pour quel péché Jésus a –t-il été tué? Le péché qui met l'humanité dans toutes sortes de problèmes de désobéissance! Adam était désobéissant envers Dieu, ce qui ouvrait la porte à toutes sortes de péchés. Si l'humanité était obéissante, alors Dieu serait heureux avec l'humanité.

C'est par la désobéissance d'un homme (Adam) que la mort est entrée dans le monde et c'est par son obéissance (Jésus) que la vie est entrée dans le monde. De quelle mort parle-t-on? La mort éternelle ou la séparation de Dieu! De quelle vie parle-t-on? Vie éternelle ou être avec Dieu? Lequel choisirais-tu?

C'est par la désobéissance d'un homme (Adam) que la mort est entrée dans le monde et c'est par son obéissance (Jésus) que la vie est entrée dans le monde. De quelle mort parle-t-on? La mort éternelle ou la séparation de Dieu! De quelle vie parle-t-on? Vie éternelle ou être avec Dieu? Lequel choisirais-tu?

Chaque personne née vient dans ce monde sous la malédiction d'Adam. Mais, grâce à Dieu, vous n'êtes pas obligé de rester sous la malédiction. Dieu a créé un moyen pour vous d'échapper par Jésus-Christ.

C'est la raison pour laquelle Satan se bat si fort pour vous garder captif. Dieu a mis devant vous le plus grand artiste de l'évasion, Jésus-Christ. Ce monde ne comprend pas que la frontière à la liberté est à quelques mètres. C'est dommage! Jésus est votre créateur de liberté.
 Après la guerre civile, les esclaves étaient libres de suivre leur propre chemin, mais beaucoup d'entre eux sont restés et ont aidé les mêmes personnes qui les avaient si mal traités, ne réalisant pas qu'ils pouvaient continuer à prospérer dans la vie. C'est la même chose qui se passe dans l'humanité aujourd'hui. Jésus a déjà acheté la liberté pour toute l'humanité et seulement les trois quarts environ de l'humanité ont pris part à ce programme d'achat. Il y a six milliards de personnes sur cette terre et seulement les trois quarts d'entre elles connaissent le don de Dieu - le salut. La frontière de la liberté consiste à donner votre vie à Jésus et à laisser le Saint-Esprit de Dieu contrôler votre vie. Le créateur de la vie est Dieu! Puisqu'il est le Créateur; pourquoi la création essaie-t-elle de dire au Créateur comment ils devraient mener leur vie? Nous avons été justifiés par le sang de l'agneau. Le sang du Créateur nous a été donné pour nous ramener en communion avec lui. C'est l'amour!
 Si vous lisez ce livre et que vous êtes chrétien ou non chrétien, vous devriez remercier Dieu de son amour. La Bible dit que la Parole était Dieu et que la Parole a été faite chair et habitée parmi le peuple, Jésus. Jésus est né d'une vierge et a grandi pour assumer le péché du monde sur ses épaules. Si vous avez une pensée en vous, alors vous pouvez voir quel amour Dieu a pour l'humanité. Il s'est pris et s'est donné afin que l'humanité ne soit pas obligée de se séparer de lui. Jésus est Dieu Le Saint-Esprit est Dieu et Dieu le Père est Dieu. Dieu le Père, le Fils et le Saint-Esprit!
 Lorsque nous avons été justifiés, le Père a jugé le Fils qui était innocent pour la culpabilité de l'humanité. Vous voyez que l'humanité était coupable, mais Jésus a assumé notre culpabilité en tant que bouc émissaire de l'humanité. Le chemin de la liberté est étroit mais fréquenté. Si vous voyagez sur une route où il y a un pont étroit, vous verrez toujours un panneau pour vous avertir. Le signe que le Père a donné à l'humanité pour l'avertir est la Bible (la Parole de Dieu). Chaque signe du pont de la vie étant étroit est enregistré dans la Bible. Les gens ne voient pas l'affiche, ne la négligent pas, ne la comprennent pas ou ne s'y intéressent pas. Les gens ont des accidents sur le pont étroit de la vie. Un accident dans la vie entraînera d'autres accidents.

Pouvez-vous voir le sérieux de regarder, de comprendre et de se soucier des signes avant-coureurs de la Bible? Ces signes sont responsables de l'obtention de la vie éternelle et non de la mort éternelle. Le pont de la vie est très étroit, mais avec la direction du Saint-Esprit, le pont de la vie est très large.

Jésus avait deux rôles au calvaire: avocat et prisonnier. En tant qu'avocat, il nous a défendus et le fait encore dans son ministère actuel. En tant que prisonnier, il a pris notre place, félicité pour la malédiction infligée à l'humanité par Dieu le Père. Le sang de Jésus dit que nous avons été rachetés de la malédiction de la loi. Le sang qui a été répandu à la Haute Cour des Cieux nous donne le droit d'être libéré de la misère, de la pauvreté, de la douleur, de la maladie et des maladies que le péché a apportées au monde. Vous avez la victoire sur ces malédictions au nom de Jésus, en qui nous avons la rédemption par son sang.

Quand les gens se sont rendus compte que, à cause du sang de Jésus, la maladie devait disparaître, la pauvreté devait s'accroître, les souffrances ne sont pas les bienvenues et la souffrance devait partir; alors, et seulement alors, ils marcheront dans la plénitude de Dieu.

Le sang de Jésus vous donne la victoire dans tous les domaines de votre vie. Jésus a dit qu'Il est venu non seulement pour vous donner la vie, mais une vie abondante. Lorsque vous appliquez le sang de Jésus dans chaque domaine de votre vie, vous marchez dans une vie abondante. Nous avons été lavés dans le sang de Jésus. Tous les péchés que nous avons commis sont lavés de nous et oubliés à cause du sang de Jésus. Je n'invente rien de tout ça. Croyez-vous la Bible ou pas? Hébreux 12: 22-24 nous dit que le sang de Jésus nous parle.

Quand Marie a vu Jésus, il lui a dit de ne pas le toucher (Jean 20:17). Il a dit qu'il n'était pas encore monté vers son père. Plus tard, il a dit aux disciples de le toucher et de le sentir. Le sang devait être saint. Je sais que c'est difficile à comprendre, mais je crois que Jésus a quitté la terre et est allé au ciel pour présenter son sang afin de racheter l'humanité, puis est revenu sur terre, a marché sur la terre pendant 40 jours et est parti au ciel pour y rester jusqu'à ce que son ennemi est fait son marchepied.

La Bible ne dit pas que Jésus a quitté la terre deux fois, mais mesdames et messieurs, je me demande comment son sang est parvenu au ciel si Jésus n'était pas celui qui a présenté son sang au Père pour la rédemption de l'homme?

C'est un sujet sur lequel certains d'entre vous ne seront pas d'accord avec moi. J'estime que le rachat de l'homme ne pouvait attendre 40 jours et 40 nuits avant d'avoir instruit ses disciples.

Je crois que l'accomplissement de la rédemption de l'homme a eu lieu immédiatement après la résurrection de Jésus. Encore une fois, la Bible n'enregistre pas cela, mais c'est mon opinion. Je crois que Marie a attrapé Jésus sur son chemin pour verser l'acompte avec Son sang pour l'homme et c'est pourquoi Il lui a dit de ne pas le toucher pour le moment.

Le sang de Jésus dit que nous avons été rachetés au malin. Il n'a plus aucun droit légal sur nous. Mais comme les esclaves de la guerre civile, qui ignoraient qu'ils avaient été légalement libérés deux ans avant leur libération, la plupart des gens ne savent pas qu'ils ont été libérés. Ils doivent croire que Dieu a ressuscité Jésus d'entre les morts et faire une confession que Jésus dirige leurs vies et non eux-mêmes et qu'ils seront libérés.

Satan est comme les propriétaires d'esclaves du Sud qui n'ont pas laissé les esclaves savoir qu'ils étaient libres. La liberté de l'humanité a été achetée par le sang de Jésus il y a environ 2000 ans, mais vous devez croire pour recevoir votre liberté. Satan maintient la plupart des gens dans l'esclavage parce qu'ils ne croient pas en Jésus. Si les gens vérifiaient seulement la Parole de Dieu, ils découvriraient qu'ils sont libres. Dieu dit que quiconque le cherche le trouvera. Il y a une guerre (spirituelle) en cours dans laquelle un milliard de personnes sont engagées.

Pourquoi est-ce que le livre donné par le Bien suprême n'est pas lu ou compris? Parce que le travail du diable est de vous empêcher de lire la Bible ou si vous ne lisez pas la Bible sans le comprendre. Dieu nous a donné son Saint-Esprit pour nous préparer la Parole de Dieu. Mais beaucoup d'entre nous lisent la Bible chaque jour sans l'aide du Saint-Esprit. Sans l'aide du Saint-Esprit, nous recevons soit une direction fausse, soit une direction de la Parole.

Le sang de Jésus-Christ dit que vous êtes libre de la loi du péché et de la mort. Pourquoi beaucoup de gens ne sont-ils pas libres? La raison est l'incrédulité. Si vous ne croyez pas, vous ne pouvez pas recevoir.

Le sang de Jésus joint et son onction vous ont libéré de la loi du péché et de la mort il y a environ 2000 ans, mais comme les esclaves de la guerre civile, vous ne savez pas que vous êtes libre et la plupart des gens ne possèdent même pas les documents (la Bible) dans leurs maisons qui leur disent qu'ils sont libres.

Ceux qui ont le document ne le lisent pas pour obtenir des informations sur leur liberté. Ils acceptent ce que dit le maître des esclaves (le diable). Tout ce que dit le sang de Jésus est important, mais s'il y a une chose qui est de la plus haute importance, c'est que vous êtes libre de la loi du péché et de la mort. Le péché vous sépare de Dieu tout comme la mort vous sépare de Dieu.

Dans ce monde, il y a beaucoup de gens qui ne savent pas qu'ils sont sous la malédiction du péché et de la mort. Pour le dire gentiment, ils sont séparés de Dieu, incapables d'entendre clairement les instructions de Dieu pour leur vie. Le sang de Jésus a supprimé cette séparation d'avec Dieu!

Dieu nous donne un ordre: rechercher son royaume et sa justice. Lorsque nous en faisons notre cible, le sang de Jésus nous éloigne de tout ce qui est un péché pour Dieu et nous conduit vers tout ce qui est bon pour Dieu. Pourquoi le sang de Jésus peut-il faire cela? C'est déjà arrivé il y a 2000 ans. Nous sommes toujours à l'âge de l'Église. Ce que Jésus a accompli sur la croix il y a environ 2000 ans est toujours aussi puissant que jamais.

Chapitre 13
Qui est béni et qui est maudit?

Ainsi parle le Seigneur. «Maudit est l'homme qui fait confiance à l'homme. Et fait chair sa force, Dont le cœur se sépare du Seigneur. Car il sera comme un arbuste dans le désert, Et ne verra pas quand le bien viendra, mais habitera les lieux arides dans le désert, Dans un pays de sel qui n'est pas habité. Heureux l'homme qui fait confiance au Seigneur. Et à qui appartient le Seigneur? Car il sera comme un arbre planté au bord de l'eau, qui s'étale au bord du fleuve, et ne craindra pas lorsque la chaleur viendra; mais sa feuille sera verte et ne sera pas inquiète pendant l'année de sécheresse. Ni ne cessera de donner des fruits. "

Le cœur est trompeur par-dessus tout, et désespérément méchant: qui peut le savoir? «Moi, le Seigneur, sonde le cœur, je teste l'esprit. Même pour donner à chacun selon ses voies, Selon le fruit de ses actions » (Jér. 17: 5-10).

Croire à la Parole de Dieu vous est profitable. Qui est-ce que Dieu dit est béni et qui dit-il est maudit? L'homme ou la femme qui place sa confiance dans l'homme au lieu du Seigneur est sous le coup d'une malédiction. Le dictionnaire collégial de Merriam Webster dit qu'une malédiction est une cause de grand mal ou de malheur.

Si vous avez du malheur, arrêtez-vous et réfléchissez un instant. Pourquoi ces choses t'arrivent-elles? La réponse se trouve probablement dans Jérémie 17: 5-10. Peut-être avez-vous sciemment, ou peut-être inconsciemment, placé votre confiance dans l'homme et non dans le Seigneur. Les Écritures ne font pas de distinction: vous pouvez être chrétien ou non chrétien et avoir confiance en l'homme et non en le Seigneur. Très probablement, si vous n'êtes pas chrétien, vous ne faites de toute façon pas confiance au Seigneur.

Avant de faire confiance à quelqu'un, vous devez entretenir une relation avec lui. Un non chrétien n'est pas en relation avec le Seigneur. Cela peut s'appliquer à l'homme impie ou à l'homme pieux qui opère dans l'incrédulité. Soit la relation avec le Seigneur est endommagée.

Qui d'autre le Seigneur dit-il est maudit? Un homme ou une femme qui fait de la chair leur force. En d'autres termes, essayer de faire bouger les choses au lieu de dépendre du Seigneur pour que les choses se passent pour vous. Une autre façon de dire que vous avez fait, de la chair votre force est de vous permettre de prendre la place de Dieu.

Rappelez-vous l'histoire du jardin d'Éden? Le diable a bien fait comprendre à Ève que quand elle mangerait du fruit, elle deviendrait comme Dieu. L'humanité à ce jour essaie toujours d'être dieu sur elle-même. Ce qui est si triste à propos de l'incident survenu dans le jardin d'Éden, c'est que nous sommes déjà faits à la ressemblance de Dieu. Ève était déjà ce qu'elle essayait de devenir. Alors quel était le gros problème? C'était et c'est aujourd'hui, la désobéissance. Nous ne pouvons rien faire arriver, et Dieu peut tout faire arriver! La capacité de savoir que vous êtes comme Dieu a été temporairement retirée à l'homme. Nous devons maintenant être nés de nouveau pour savoir que nous savons que nous savons; nous sommes faits à l'image de Dieu. Lorsque vous mettez votre force dans la chair, vous faites confiance à la force impuissante de l'homme. Non seulement vous êtes impuissant, mais vous êtes aussi maudit. Vous pourriez dire que le double, le double problème est sur vous. Rien de ce que vous ferez ne fonctionnera!

Vous avez peut-être entendu parler de personnes qui gagnent à la loterie et qui, au cours des deux prochaines années, finissent par faire faillite. Vous êtes-vous déjà posé la question pourquoi? La Bible peut répondre à cette question: Maudit est l'homme ou la femme qui met sa confiance en l'homme et non en Dieu.

Une loterie est une forme de jeu; que c'est le jeu légalisé. Lorsque vous jouez, vous faites confiance à quelqu'un d'autre que Dieu. De nombreux chrétiens jouent à la loterie sans savoir que ce n'est pas une bénédiction de Dieu, mais une malédiction. Dans Jérémie 17: 5, il est écrit: Maudit est l'homme qui se confie en l'homme.

Permettez-moi de vous poser une question. Votre confiance est-elle en Dieu ou en l'homme lorsque vous jouez à la loterie? Vous connaissez peut-être des chrétiens qui ont gagné à la loterie. Moi aussi, mais est-ce que ça donne raison? Nous sommes dans les derniers jours, les bonnes choses sont appelées mauvaises et les mauvaises choses sont appelées bonnes.

Car il sera comme un arbuste dans le désert, et ne verra pas quand le bien viendra, mais habitera les lieux desséchés dans le désert, dans un pays salé qui n'est pas habité (Jérémie 17: 6).
 Avez-vous vu un arbuste dans le désert? Il ne peut pas atteindre son plein potentiel. Votre croissance dans la vie ne se réalisera pas. Dieu maudira tous les domaines de votre vie! Regardez le monde aujourd'hui, les gens gagnent plus d'argent que jamais et sont plus endettés que jamais. Pourquoi? Ils sont aveuglés par le bien qui vient du Seigneur. Ainsi, à l'instar de cet arbuste du désert, les gens sont secs lorsqu'il s'agit de réaliser le potentiel que Dieu a mis dans leur vie. Ils ne sont pas satisfaits de la vie.
 Tout récemment, un joueur de basket-ball a refusé un contrat de 90 millions de dollars, puis un contrat de 70 millions de dollars pour jouer dans la ville il y a quatre ans à peine, il a déclaré qu'il aimerait jouer. Pourquoi? Il est comme cet arbuste dans le désert. L'arbuste dans le désert n'est pas heureux parce qu'il n'est pas à sa place. Quelqu'un qui fait confiance à l'homme et non à Dieu n'est pas à sa place. L'un des commandements de Dieu est que vous n'aurez pas d'autres dieux devant moi (Ex. 20: 3). Faire confiance à l'homme fait de l'homme un dieu et le place devant Dieu lui-même.
 Voyez-vous maintenant pourquoi vous êtes maudit si vous accordez votre confiance à l'homme ou si vous faites de la force votre chair? Vous avez violé l'un des dix commandements donnés à Moïse! Nous ne parlons pas beaucoup des Dix Commandements, mais ils sont toujours appliqués aujourd'hui. Puisque Dieu est le même aujourd'hui, hier et à jamais, sa Parole est toujours efficace. Si vous jouez à la loterie, vous mettez un dieu devant Dieu lui-même. Il doit répondre à tous nos besoins!
 La raison pour laquelle tant de choses sont considérées aujourd'hui comme de droit alors que c'est faux, et tellement de tort que c'est faux, c'est parce que nous ne connaissons pas les instructions de la Bible.
 La lecture ou l'affichage des Dix Commandements a été retiré des écoles, un tour du diable! Si vous voulez qu'un groupe de personnes apprenne quelque chose, une des façons de les aider à apprendre est de le garder devant eux.

Si vous souhaitez que ce même groupe de personnes désapprenne quelque chose, l'un des moyens de les aider à désapprendre consiste à le garder loin d'eux. Vous ne pouvez pas apprendre à faire quelque chose si on ne vous enseigne pas. En disant Les Dix Commandements avant chaque jour, on vous enseignait à leur obéir. Voir personne n'a dû vous dire de leur obéir; vous avez su leur obéir. Si vous avez volé quelque chose, vous avez été condamné, non pas à cause du vol, mais parce que vous avez enfreint l'un des dix commandements. Cette conviction n'est pas évidente dans la société d'aujourd'hui. La personne qui a convaincu la Cour suprême que les Dix commandements avaient violat la Constitution était un agent du diable.

Ce qui est triste, c'est que les chrétiens se sont assis et ont laissé une seule personne placer toute une nation (États-Unis d'Amérique) sous la malédiction mentionnée dans Jérémie. La toute première chose mentionnée me vient à l'esprit. Maudit est l'homme qui fait confiance à l'homme. Ce pays a été fondé sur la Parole de Dieu. Notre argent dit en Dieu nous avons confiance! Lorsque les Dix commandements n'étaient pas autorisés à être lus dans les écoles publiques, notre pays est passé de confiance en Dieu à confiance en l'homme.

Quelle réponse pouvez-vous donner à un homme ou à une femme instruit qui remet en question le déclin moral de notre pays au cours des 38 dernières années? C'est très claire, nous avons pris notre confiance à Dieu et l'avons placée dans l'homme. Arrêtez-vous et réfléchissez. Ce pays était autrefois le numéro un des constructeurs automobiles au monde. À présent, les États-Unis d'Amérique rattrapent le nombre de sans-abri que nous avons dans les pays du tiers monde. Nous nous sommes éloignés de Dieu et sommes allés chez un homme. Nous avons plus de gens qui font confiance à la loterie que le Dieu Tout-Puissant.

La Parole de Dieu dit que vous serez comme un arbuste dans le désert quand vous faites confiance à l'homme. Qu'est-ce qu'un désert? Un désert est un espace incapable de supporter une population considérable sans approvisionnement en eau artificiel. Dieu dit que vous êtes comme un arbuste, qui a besoin d'un approvisionnement en eau pour grandir est placé dans un désert. C'est l'homme qui fait confiance à l'homme et non à Dieu pour l'approvisionnement de la vie.

Même si vous gagnez à la loterie, vous êtes toujours incapable de recevoir les vraies bénédictions de Christ dans votre vie. Des bénédictions qui, peu importe ce qui se passe, continueront à venir. Les bénédictions viendront peut-être un jour, mais vous ne marcherez pas dans les plaines bénédictions que Dieu a à offrir à ses enfants qui suivent le chemin de Sa Parole. Certaines personnes ont récemment acheté des billets à la loterie, qui s'élevaient à 61 millions, et ils ont gagné, 9 dollars. Ils ont récupéré une récompense, mais pas la récompense complète qu'ils auraient pu obtenir. Maintenant, ils essaient encore, Satan le piège a été posé et ils ont pris l'appât. Mais cherchez d'abord le Royaume de Dieu et sa justice, et tout cela vous sera ajouté (Matt. 6:33).

Quelles sont les «choses» dont parle Dieu, ce que nous mangeons, ce que nous buvons et ce que nous portons. Les essentiels de la vie! Nous n'avons pas à nous soucier de quelque besoin que ce soit dans la vie si nous voulons simplement faire ce que la Parole de Dieu dit de faire. Si vous êtes obéissant, vous mangerez la graisse du pays. La plupart des chrétiens n'ont pas lu Jérémie 17: 5-10 dans toute leur vie chrétienne.

Comme tout père, Dieu nous dit quoi faire et ne pas faire. Il explique ce qui va se passer si nous ne faisons pas ce qu'il nous dit, et ce qui se passera si nous faisons ce qu'Il nous dit de faire. Nous devons apprendre la volonté de Dieu d'obtenir quoi que ce soit de lui. Dieu est un père aimant qui se soucie tellement de ses enfants qu'il a donné son fils unique. Si ton cœur s'éloigne de lui, aucun bien ne te viendra. Dieu vous dit ce fait.

La plupart des parents s'occupent davantage de leurs propres enfants que des enfants du voisin. Le voisin d'à côté se soucie de leurs enfants, mais pas autant de vos enfants. C'est ce qui se passe si les enfants de Dieu commencent à jouer avec le diable; le diable ne se soucie pas de vous. Je reprends ça, il se soucie de toi, il te déteste! Enfant de Dieu, mets ceci dans ton esprit, il te déteste.

Il ne joue qu'avec vous pour vous rapprocher de votre papa (Dieu le père). Le Père ne peut et ne veut pas bénir l'injustice. Cela va à l'encontre de sa nature même, mais s'aligne parfaitement sur la nature du diable. Il bénit les injustes chaque jour. La puissance de Satan ne lui a pas été enlevée quand il est tombé du ciel.

La puissance de Dieu est plus grande, mais la puissance de Satan ne lui a pas été enlevée. En Christ, nous avons le pouvoir de vaincre le diable qui est déjà un ennemi vaincu et gâté.
Quand vous voyez des pécheurs devenir riches, Dieu leur dit de ne pas les envier. Le terrain de jeu pour le pécheur est juste pour un moment, mais le terrain de jeu pour le croyant né nouveau est pour toujours. Vous pouvez sauter dans la joie de ne pas aller en enfer, mais aussi saisir toutes les occasions pour conduire quelqu'un vers Christ hors du royaume des ténèbres. Les frères et sœurs qui ne connaissent pas la vérité peuvent être conduits à la vérité par vous. Soyez toujours vigilant pour aider quelqu'un à comprendre et à trouver la vérité, que ce soit pour le salut ou pour sortir de l'esclavage.

Si vous êtes maudit, le bien peut être tout autour de vous et vous ne pouvez pas le voir. Je n'ai écrit aucune de la Bible, le Saint-Esprit de Dieu par l'intermédiaire d'hommes fidèles a écrit la Bible. Donc, si vous avez un problème avec ce que j'ai dit que le bien peut être tout autour de vous, vous ne le verriez pas, alors abordez-le avec Dieu.

Dieu dit que lorsque vous faites confiance à l'homme, le bien viendra à vous, mais vous ne le verrez pas. La Parole de Dieu parle d'elle-même. Combien de personnes connaissez-vous qui ont laissé passer ce que vous savez être une opportunité en or dans la vie? Vous saviez que c'était une occasion unique, mais la personne ne pouvait pas la voir. Qu'est-ce que c'est? Exactement ce que Dieu a dit: ils ne verront pas quand le bien viendra. La bonne volonté vient, mais la personne sera aveuglée pour voir ce qui se passe.

Qui les aveugle et pourquoi? La réponse à cette question est simple: le diable et parce qu'il vous déteste. Si tu vois bien venir; cela apporte la gloire à Dieu et Satan veut la gloire pour lui-même. Dieu vous dit que le bien viendra, non pas qu'il puisse venir, mais qu'il va venir. Si vous avez mis votre confiance en l'homme au lieu de Dieu, le moment est venu de remettre votre confiance entre les mains aimantes de Dieu. Ainsi, lorsque le bien viendra, vous pourrez le voir venir et tirer parti de toutes les bénédictions de Dieu. Notre père ne peut pas le dire plus clairement.

Si vous faites confiance à l'homme, vous habiterez les lieux arides du désert et non les espaces verts du jardin. Ceux qui ont mis leur confiance en l'homme vivent dans le désert de la vie.

Arrêtez un instant de penser à cela! Pour beaucoup de gens, le désert de la vie est leur chez-soi. Pourquoi sont-ils là? Parce qu'ils ont mis leur confiance en l'homme et maintenant selon la Parole de Dieu qui ne peut pas lui rendre vide, ils sont maudits. Comme tout père aimant, Dieu leur donne un moyen de sortir de leur position dans la vie.

Confiance! Croyez en Jésus, croyez en Dieu et croyez en sa Parole. La Parole de Dieu est là pour rester, mais la seule chose qui garde les gens dans le pays des maudits est de ne pas croire ou connaître la Parole. La Parole de Dieu dit que le cœur (le moi intérieur qui pense, ressent et agit) est trompeur par-dessus tout. C'est le vrai toi. Pourquoi est-ce trompeur? Parce que nous avons pris la nature du diable après la chute d'Adam. Avant qu'Adam soit tombé, il avait la nature de Dieu. Après sa chute, il a acquis la nature du diable. Chaque personne née dans ce monde vient au monde avec cette nature! C'est une nature trompeuse qui reste avec une personne jusqu'à ce qu'elle accepte Jésus comme son Seigneur et Sauveur, puis nous sommes nés de nouveau ou notre nature est recréée en Christ Jésus. Si vous êtes vraiment recréé, vous êtes incapable de pécher et de pécher. La nature de Dieu vous convaincra et amènera le repentir. Si vous êtes capable de pécher sans aucune conviction, alors je m'interroge sur votre vrai salut. Quelque chose ne va pas si vous faites ne pas tomber sous le coup de la conviction, pas de la recommandation, mais de la conviction.

La recommandation vous prend de Dieu et la conviction vous mène à Dieu. La recommandation vient du diable et la conviction de Dieu. Si vous êtes dans le désert de la vie et que vous ne savez pas pourquoi vérifier vous-même et voir si vous vous êtes permis de faire confiance à l'homme plutôt que de faire confiance à Dieu. Étudiez la Parole de Dieu pour voir si vous faites sa volonté. Vous pouvez, par ignorance, être qualifié d'homme impie ou incroyant. Ne soyez pas pris dans cette étiquette. Les malédictions ne sont pas la volonté parfaite de Dieu pour votre vie. Dieu a payé un lourd tribut pour vous.

S'il-te-plait je t'en prie! Examinez-vous et voyez si vous avez permis à un domaine de votre vie de relever de la confiance de l'homme et non de la confiance de Dieu. Le manuel de cet examen est la Bible. N'utilisez aucun autre manuel pour cet examen. L'examen final est trop important d'un test. C'est la vie éternelle ou la mort éternelle.

Dieu vous donne le choix et vous fournit un livre ouvert à étudier. Beaucoup de ses enfants sont trop paresseux pour étudier et se montrer ainsi approuvés, un ouvrier qui n'a pas besoin d'avoir honte. Je me concentre sur les malédictions en profondeur à cause de son sujet trop important pour être laissé au vent. La plupart des gens du monde ne se rendent pas compte que nous vivons dans un monde maudit par le Dieu tout-puissant.

Dieu est un Dieu tellement aimant qu'il ne veut pas que quiconque reste dans un pays maudit. Il vous veut au pays du lait et du miel, mais la seule façon pour vous d'aller tuer les géants est d'acheter votre confiance en le Seigneur et non en l'homme. Qui est béni? Une personne née de nouveau qui fait confiance au Seigneur. Qui est maudit? Toute personne qui fait confiance à l'homme.

Je crois que Dieu essaie toujours de nous atteindre. C'est pourquoi il m'a mis sur le cœur d'écrire ce livre. Il veut que vous sachiez qui est béni et qui est maudit. Il ne fait pas acception de personne, s'il l'a fait pour un, il le fera pour un autre. Joseph a été béni dans un pays qui n'était pas le sien parce qu'il avait confiance en le Seigneur. La faveur surnaturelle était sur sa vie parce qu'il faisait confiance au Seigneur. Une faveur surnaturelle peut être sur vous parce que vous faites confiance au Seigneur. Savez-vous ce qu'est la faveur surnaturelle? La définition biblique de bienheureux est l'objet de la faveur de Dieu. Comment pouvez-vous être béni ou l'objet des faveurs de Dieu?

Le seul moyen de sauter dans cet endroit est d'obéir à la Parole de Dieu, qui est la Volonté de Dieu. La réponse pour savoir comment vous pouvez marcher jour après jour dans les bénédictions de Dieu, ainsi que pour ceux qui sont bénis, se trouve dans le livre d'examen appelé la Bible.

Si vous avez déjà pratiqué un sport, vous savez que chaque sport à ce qu'on appelle un livre de jeu. Afin de jouer pour cette équipe, vous devez apprendre la lecture pour cette équipe. Dieu a publié un livre de jeu qui ne change jamais (La Bible) et pour chaque membre du Corps du Christ, il est nécessaire d'apprendre pour jouer dans le domaine de la vie chrétienne.

Si vous commencez aujourd'hui à étudier la Parole pour vous montrer approuvée devant Dieu, le champ de la vie deviendra plus facile pour vous. Parce que vous ne vous appuierez pas sur vous-mêmes mais apprendrez à vous appuyer sur le Seigneur pour chaque décision de la vie.

Qui est maudit? Ceux qui s'appuient sur eux-mêmes ou font confiance aux autres au lieu du Seigneur. Pourquoi voudriez-vous emmener votre Ford chez un concessionnaire Buick pour le faire réparer? Pourquoi faites-vous confiance à votre vie, qui est plus importante pour quelqu'un d'autre que Dieu? Le corps d'un homme a été créé par Dieu, porte l'image de Dieu et est merveilleusement créé par Dieu. Faites confiance au Créateur, pas à la création.

Si vous êtes béni, alors restez comme ça. Si vous avez trébuché dans le pays des maudits, il existe un moyen de sortir. Commencez à mettre toute votre confiance dans le Seigneur. Il est venu non seulement pour vous donner la vie mais une vie abondante.

Connaissez-vous quelqu'un qui opère sous la malédiction? Alors vous connaissez quelqu'un qui est hors de la volonté de Dieu. Il ne participe pas aux bénédictions de Dieu, mais aux malédictions de Dieu. Dieu nous aime tellement parce qu'il est un Dieu saint, il doit maudire ceux qui ne suivent pas ses lois. Notre pasteur et deux autres pasteurs ont été impliqués dans un accident dans notre ville et chacun est parti sans aucun os brisé. Je dirais qu'ils sont vraiment bénis. Dieu a veillé sur leurs vies. Dieu dit touche, pas mon oint. Ne fais pas de mal à mes prophètes (1 Chron. 16:22). Ce pays qui a été fondé sur la Parole de Dieu doit retrouver ses racines. Notre argent dit en Dieu nous avons confiance. Les États-Unis d'Amérique peuvent-ils dire que nous avons confiance en Dieu? Je crois que non. Nous avons plus de 22 milliards de dollars dans ce pays et pourtant, dans chaque grande ville où vous vous rendez, vous voyez des sans-abri. Ce qui se passe? Il ne faut pas un spécialiste des fusées pour comprendre la réponse: nous nous sommes éloignés d'adorer et de servir Dieu en tant que pays.

Nous avons des chrétiens en Amérique, mais on peut nous appeler un pays païen. Un pays païen est un pays où la majorité ne sert pas Dieu. Nous avons plus de gens qui servent de faux dieux que de servir le Dieu vivant. Vous devez reconnaître le sérieux de la situation. Nous sommes passés d'un pays craignant Dieu à un pays païen.

Nous avons des générations d'enfants qui n'ont aucune idée de qui est Dieu ou de qui est Jésus-Christ. Parce que nos ancêtres ont semé une grande récolte lorsque notre pays a été créé, nous vivons des avantages de leurs semailles, mais chaque année, de plus en plus d'impiété s'installe aux États-Unis d'Amérique.

Une fois que le commerce de l'automobile a été semé, puis, lorsque nous avons renvoyé Dieu de l'école, notre commerce de l'automobile est mort. Le Japon nous mène maintenant, alors qu'avant nous menions le Japon dans le commerce automobile. Ce n'est pas parce que les Japonais savent comment améliorer les voitures. C'est parce que ce pays a retiré la présence de Dieu.

Pensez que nous serions comme un pays si les trois quarts des États-Unis d'Amérique servaient Dieu. Les bénédictions dont jouit ce pays aujourd'hui sont dues aux semailles de nos ancêtres. Si nous ne nous retournons pas, le nombre de sans-abri continuera à augmenter. Oui, nous sommes un pays béni, mais nous ne marchons pas dans les plaines bénédictions de Dieu sur ce pays.

Les pleines bénédictions de Dieu ne feront que personne ne soit au chômage dans ce pays. Nourriture et logement pour tous. Quand Israël est sorti d'Égypte, il y avait plus de 3 millions d'habitants et la Bible dit qu'aucun d'entre eux n'était faible. Les bénédictions de Dieu étaient sur Israël alors qu'ils étaient en Égypte et seront sur ceux qui le servent de tout leur cœur, de tout leur esprit et de toute leur âme.

Lisez la Bible - tout Israël est sorti d'Égypte avec de l'or et de l'argent appartenant aux Égyptiens. Israël a peut-être été maudit alors qu'il était salé d'Égypte, mais lorsque Dieu les a libérés, ils sont sortis d'Égypte pleinement bénis. Dieu est un Dieu qui garde son alliance; Il attend pour bénir tous ceux qui mettront leur confiance en lui. Il n'y a qu'un seul moyen de parvenir à lui, à savoir le Seigneur Jésus.

Vous ne pouvez connaître le Père que par le Fils. Dieu veut bénir son peuple, mais la plupart de son peuple opère sous la malédiction et non sous la bénédiction. Il nous a donné ses instructions (la Bible) et c'est maintenant à nous de suivre ses instructions si nous voulons recevoir ces bénédictions.

Vous devez obtenir la Parole de Dieu à l'intérieur de vous car ce qui est à l'intérieur produira ce qui est à l'extérieur. Vous devez connaître Dieu, pas seulement connaître Dieu. Une relation personnelle avec le Seigneur est indispensable pour recevoir les bénédictions de Dieu.

Cette relation personnelle est votre passe dans le pays du miel (bénédictions). Il y a un géant dans le pays qui ne veut pas que vous veniez dans les bénédictions et il fait tout ce qui est en son pouvoir pour s'assurer que la majorité des enfants de Dieu n'entrent pas dans leurs bénédictions.

Quelle est leur bénédiction? Le don de la grâce de Dieu. Quelles sont certaines des bénédictions de Dieu? Ce sont la prospérité (Mal. 3: 10-12), la nourriture et le vêtement (Matt. 6:26, 30-33) et la longévité (Ex. 20:12). Avez-vous vécu plus de 70 ans ou connaissez-vous quelqu'un qui a vécu plus de 70 ans? Vous pouvez dire qu'il est béni. Ils ont reçu le don de la grâce de Dieu. Connaissez-vous quelqu'un qui est riche et qui mène une vie sainte pour Dieu?

Il est également béni et a reçu le don de la grâce de Dieu. Dieu veut que tu aies de l'argent, il ne veut pas de l'argent pour t'avoir. L'amour de l'argent est la racine de tout mal, n'ayant pas d'argent (1 Tim. 6:10). Vous pouvez avoir deux sous à votre nom et toujours aimer l'argent. Vous devez être un bon gardien de l'argent que Dieu vous permet d'avoir.

L'histoire du jeune souverain riche nous dit que l'argent peut vous avoir (Luc 18: 18-25). Dieu ne doit pas prendre la deuxième place à quiconque ou quoi que ce soit. Il doit être la première place dans votre vie! Quelle est la définition d'une malédiction? C'est une expression violente du mal sur les autres. Si vous êtes maudit, le don de la grâce de Dieu ne viendra pas vous chercher. La seule chose que vous trouverez est une expression violente du mal sur vous. Mettez cette définition dans votre cœur, nous ne parlons pas seulement du mal qui vous frappe, mais d'une expression violente du mal qui vous frappe. Vous n'avez aucune chance dans la vie si vous opérez sous la malédiction.

La malédiction peut être prononcée de deux manières: la rébellion (2 Sam. 16:58) et la désobéissance (Deut. 28: 15-45). Ces deux façons de faire fonctionnent aujourd'hui sur la terre dans la vie des hommes et des femmes, chrétiens et non chrétiens. La majorité des habitants de la planète aujourd'hui peuvent revendiquer l'un ou l'autre de ces titres. Le fruit de la malédiction provient de la désobéissance, mais la manifestation se présente sous la forme d'un comportement rebelle.

Cela a –t-il un sens maintenant pourquoi vous voyez beaucoup de sans-abri dans les grandes villes des États-Unis d'Amérique? Ils ont une expression violente du mal sur eux-mêmes. Jusqu'à ce qu'ils sortent de la malédiction, ils n'auront jamais le don de la grâce de Dieu sur leur vie. Ce n'est pas parce qu'ils sont des gens sans valeur, c'est parce qu'ils ont une expression violente du mal sur leurs vies. Pas seulement le mal, mais une expression violente du mal. Tout ce qu'ils touchent avec leurs mains devient une expression violente du mal. Puisque Dieu ne peut pas supporter le mal, il n'est en réalité pas près de cette personne. Il ou elle se bat seul dans la vie.

Plusieurs fois, une malédiction sur nos vies est le fruit des choix faits par les autres autour de nous. Dieu promet d'être près des cœurs brisés et vous fournira un moyen de vous échapper de la malédiction, qu'il s'agisse de jeunes souverains sans abri ou riches.

D'autre part, la personne qui opère sous la bénédiction touche quelque chose avec ses mains et elle prospère à la gloire de Dieu. Puisque Dieu peut supporter la bonté, il est près de cette personne alors qu'elle se bat dans la vie. Il ne te quitterait jamais ni ne t'abandonnerait. Un garde sur ta vie vingt-quatre-sept!

Lorsque vous comprenez que Dieu a maudit ce monde et que le seul moyen de rester en dehors de la malédiction consiste à obéir à Dieu: vous ferez tout votre possible pour obéir à Dieu et lui plaire. Seul un imbécile aimerait être une expression violente du mal. Parce qu'ils sont ignorants des choses de Dieu, il y a beaucoup de gens stupides dans le monde qui opèrent avec une expression violente du mal sur leurs vies.

Es-tu stupide? Si vous avez demandé à Jésus d'être votre Seigneur, veuillez ne pas être nommé parmi les insensés du monde. Si vous êtes stupide, alors vous opérez dans la vie avec une expression violente du mal sur votre vie. La malédiction doit être interdite au peuple de Dieu (Genèse 12: 3).

Mais Dieu n'ira pas contre votre volonté si vous choisissez d'opérer avec une expression violente du mal sur votre vie, et Dieu ne vous obligera pas à accepter son don de grâce. Le choix t'appartient! Voulez-vous réussir dans votre vie? Dieu vous dit comment réussir dans la vie. Méditez sur son livre (la Bible) jour et nuit et ne laissez pas les mots s'éloigner de vos yeux. Pensez à ses voies et étudiez ses directions et la vie sera toujours une bénédiction pour vous.

Chapitre 14
La réalité du Seigneur

Nous devons examiner le mot Seigneur. Qu'est-ce que le mot signifie? Dans la force, c'est un titre de majesté et de royauté. Appliqué à Christ, le kyrios désigne la Seigneurie du Christ («Jésus en tant que Seigneur»). Jésus doit avoir la souveraineté absolue sur nos vies. Alors que veut dire Seigneurie? Encore dans la force, c'est l'autorité suprême.

Pourquoi alors les gens qui sont nés de nouveau dans le Corps du Christ ne confèrent-ils pas à Jésus l'autorité suprême sur leur vie? Parce qu'ils ne reconnaissent pas Jésus comme l'autorité suprême. Qu'est-ce que Satan a dit à Ève? Si elle mange le fruit, elle pourrait être comme Dieu, ou avoir l'autorité suprême sur sa propre vie. Quelqu'un doit avoir l'autorité suprême sur votre vie, que ce soit Dieu ou Satan. Satan commence avec l'autorité lorsque vous êtes né sur la terre, mais si vous entrez dans la réalité du Seigneur, vous changez d'autorité de Satan au Seigneur.

La plupart des gens ont confessé Jésus en tant que Sauveur, mais ne l'ont pas fait Seigneur. Nous devons permettre à Jésus d'être l'autorité suprême dans nos vies. Il y a beaucoup de raisons pour que quelqu'un ne sache pas que Jésus doit avoir l'autorité suprême dans sa vie, mais comme Dieu est Dieu, il n'y a qu'une seule personne qui répondra au Seigneur: vous.

Un peu plus tôt, j'ai dit étudier pour vous montrer approuvé à Dieu. Si vous ne reconnaissez pas que quelqu'un a l'autorité suprême sur vous, vous ne pouvez pas lui donner l'autorité suprême. La Bible dit que tous les menteurs seront jetés dans l'étang de feu. Vous pourriez dire que vous n'êtes pas un menteur, mais la Bible définit les menteurs comme une manifestation de mensonge.

Certains exemples sont un déni du fait que Jésus est le Christ, ne gardant pas les commandements du Christ, détestant son frère, ceux qui parlent de méchanceté, de faux témoins et les astrologues. Vous pourriez vous poser la question suivante: Qu'est-ce que tout cela a à voir avec la réalité du Seigneur? Si Jésus est votre Seigneur, vous ne parlerez pas de méchanceté, ne haïrz pas son frère, nierez que Jésus est Christ et garderez ses commandements.

Vous mettez toute votre confiance en Christ Jésus et non en vous-même. Vous lui permettez de diriger votre vie de toutes les manières possibles. Vous venez au Seigneur avec une foi enfantine. Le chemin de Jésus est le seul chemin pour votre vie. Vous trouvez des chrétiens en litige tout le temps, mais Christ met en garde contre elle (Matt. 5:25, 40). Vous voyez des chrétiens dans un litige contre d'autres chrétiens. Christ donne un avertissement, et Paul qui était sous l'onction du Saint-Esprit de Dieu donne également un avertissement contre le dépôt de poursuites (1 Co 6: 1, 2). Alors, quel commandement du Christ ne suis-je pas observé? S'aimer les uns les autres comme le Christ nous a aimés. Si vous intentez une action en justice contre un autre frère ou une autre sœur en Christ, cela montre-t-il l'amour de Dieu? Pourquoi les frères et sœurs déposent-ils un procès? Parce qu'ils ne savent pas ce que la Parole de Dieu dit sur le sujet, ou ils ne croient pas ce que la Parole de Dieu dit sur le sujet, ou ils se moquent de ce que la Parole de Dieu dit sur le sujet.

Si vous connaissiez la réalité du Seigneur, vous arrêteriez cette action en justice contre un autre frère ou une autre sœur du Corps de Christ. Ils vous ont peut-être blessé et une action en justice semble justifiée, mais la Parole nous dit que nous ne devons pas nous présenter devant un juge pour intenter une action en justice contre un autre frère ou une autre sœur. S'il est trop tard, si vous l'avez déjà fait, vous pouvez demander la repentance du Seigneur. Qu'est-ce qui est plus important pour toi? Poursuivre quelqu'un au tribunal ou obéir aux commandements du Seigneur? Si vous choisissez de poursuivre quelqu'un devant un tribunal, poursuivez avec votre soi rebelle.

Si vous choisissez d'obéir aux commandements du Seigneur, vous avez fait le bon choix. Aller à la tête de la classe! Vous connaissez maintenant la réalité du Seigneur. Quelle est la réalité du Seigneur? Obéir au Seigneur est la réalité du Seigneur. Si vous respectez quelqu'un, vous lui obéirez. Vous confirmez la réalité de cette personne dans votre vie en lui obéissant.

Les enfants qui n'obéissent pas à leurs parents ne confirment pas la réalité de leurs parents dans leur vie, pas plus qu'ils ne confirment la réalité du Seigneur dans leur vie. Parce que le Seigneur donne à chaque enfant le commandement d'obéir à ses parents. Le respect et l'obéissance vont de pair.

Si vous respectez quelqu'un, vous lui obéirez et si vous obéissez à quelqu'un, vous le respectez. Si vous respectez et obéissez au Seigneur, vous apportez la réalité du Seigneur dans votre vie. Il devient réel pour vous! Lorsque vous respectez quelqu'un, vous ne faites rien autour de cette personne. Lorsque vous respectez le Seigneur, vous ne ferez rien, votre vie reflétera celle du Seigneur. Il est notre exemple et votre vie suivra l'exemple qu'il a établit.

Le Seigneur n'a pas forniqué; alors pourquoi forniquons-nous? Le Seigneur n'a pas volé; pourquoi alors volons-nous? Forniquer et voler sont des mots d'action, mais lorsque nous agissons pour ne rien faire non plus, nous introduisons la réalité du Seigneur dans nos vies. Le Seigneur a pardonné facilement. Quand on ne pardonne pas; nous n'agissons pas dans la réalité du Seigneur. Il a pardonné, alors nous pardonnons aussi beaucoup. Quelle est la réalité du Seigneur? Que ce n'est plus toi qui vis, mais que Christ est vivant en toi. Le Seigneur ne s'est pas inquiété. Lorsque vous vous inquiétez, vous êtes dans le péché et le péché n'est pas du Seigneur. Le péché entrave la réalité de la manifestation du Seigneur dans votre vie. Beaucoup de grands hommes et femmes de Dieu ne sont jamais allés dans la terre promise, à cause d'un péché caché dans leur vie qui a empêché la réalité du Seigneur de se manifester dans leur vie.

Arrêtez! Je ne veux pas que vous alliez plus loin sans vous examiner vous-même pour le corps et pour le sang. Quand vous prenez le temps de vous examiner; vous ne pouvez pas vous empêcher de vous trouver au beau milieu de la réalité du Seigneur pour votre vie.

Arrêtez! Il est temps de vraiment vous examiner. Quel but n'as-tu pas fait? Si vous ne voulez pas vous examiner vous-même, quelle est la place de Christ en vous? La réponse à cette question est non. Si vous ne prenez pas le temps de vous examiner pour voir si la réalité du Seigneur est vivante en vous, alors vous êtes une personne effrayée, impitoyable, méchante et peu sûre de vous. Prenez le temps de vous examiner pour voir si la réalité du Seigneur est vivante en vous. Il vous fortifiera pour faire face à tout ce qui vous fait peur.

La réalité du Seigneur vous fera arrêter de voler votre patron au travail. Cela vous fera perdre du temps lorsque vous arriverez tard. Cela vous amènera à être amical avec la personne qui vous hait. Cela vous fera devenir chrétien!

Lorsque vous comprenez la réalité du Seigneur dans votre vie, cela vous amène à vous voir comme Dieu vous voit. Comment Dieu vous voit-il? Dieu vous voit comme un vainqueur dans la vie. Dieu vous voit comme la tête et non la queue. Dieu vous voit comme ci-dessus et non dessous. Dieu vous voit comme un vainqueur mondial. Dieu vous voit comme béni et habilité à prospérer dans la vie. La réalité du Seigneur vous oblige à demander, à chercher et à frapper.

Luc 11: 9, dit: Alors je vous dis, demandez, et cela vous sera donné; Cherchez et vous trouverez; frappez, et il vous sera ouvert.

Je ne sais pas pour vous, mais je n'ai pas le temps de jouer à des jeux avec le Seigneur. Je dois demander, chercher et frapper jusqu'à trouver la réalité du Seigneur dans ma vie. Je ferai tout ce qui est nécessaire pour que la réalité du Seigneur agisse dans ma vie. Ce n'est plus moi qui vis, mais Christ est vivant en moi et je connais maintenant la réalité du Seigneur.

Les trois impératifs (demander, chercher et frapper) sont au présent grec, désignant une demande continue, une recherche et une frappe. Pour que la vraie réalité du Seigneur se produise dans ma vie, je dois continuer à demander, à chercher et à frapper jusqu'à ce que le Seigneur me révèle tout ce qu'il veut me dire. Je ne peux pas demander un jour et ne pas demander le lendemain. Nous devons demander chaque jour jusqu'à ce que la révélation du Seigneur soit révélée. La réalité du Seigneur ou la révélation du Seigneur sera révélée à la personne qui a soif du Seigneur.

Ne vous méprenez pas, tout le monde expérimentera un certain niveau de la réalité du Seigneur, mais la personne qui a soif de la présence du Seigneur atteindra le dernier niveau de la réalité du Seigneur. Cette personne connaîtra le Seigneur de manière personnelle. C'est le niveau que je veux atteindre. Je veux tout de Dieu.

Avez-vous expérimenté le Seigneur d'une manière qui vous permette de dire: «Il siège ici avec moi en ce moment même?» Dieu veut que nous soyons si remplis de lui que les gens diront que nous sommes en état d'ébriété. Si tu es ivre du Saint-Esprit, il n'y a rien d'autre qui puisse venir sur toi.

Quand tu es plein de Dieu; vous connaîtrez la réalité du Seigneur. Lorsque vous connaissez la réalité du Seigneur, cet accord commercial qui semblait ne jamais avoir démarré avant a soudainement été lancé et que vous passiez de ventes en ventes à des ventes débordantes.

Quand tu es plein de la présence de Dieu; le patron qui n'a jamais regardé de votre côté vous accorde maintenant beaucoup d'attention et la faveur vous gagne partout où vous allez.

Quand tu connais la réalité du Seigneur; vos pas sont ordonnés du Seigneur et il vous prend et vous met sur son dos et vous mène à la ligne d'arrivée. Lorsque vous connaissez la réalité du Seigneur, tout ce que vous touchez avec votre main prospère. Lorsque vous connaissez la réalité du Seigneur, vos erreurs sont bénies. Lorsque vous connaissez la réalité du Seigneur, tous les membres de votre nouvelle entreprise reçoivent un feuillet rose, sauf vous. Ils vous trouvent un nouvel emploi! Qu'est-ce que je dis? Juste ça; lorsque vous connaissez la réalité du Seigneur, rien ne peut aller mal pour vous.

Vous pourriez dire que c'est impossible. Tu as raison! Mais ne savez-vous pas que rien n'est impossible à Dieu? Lorsque vous connaissez la réalité du Seigneur, rien n'est impossible pour Dieu. Nous servons un grand Dieu, pas un petit Dieu insouciant. Non seulement notre Dieu est grand, mais il se préoccupe de nos plus petits besoins.

Le Dieu de l'univers a pris le temps de se révéler à nous. Quand nous prendrons le temps de connaître la réalité du Seigneur, il se révélera à nous. Les gens, nous ne parlons pas d'un Dieu mort, je parle du Dieu vivant, qui a créé les cieux et la terre; le grand et génial Dieu; le Dieu d'Isaac, Abraham et Jacob veulent nous connaître personnellement.

Je considère comme un honneur de connaître la réalité du Seigneur. Nous ne nous sommes pas choisis nous-mêmes, il nous a choisis. Nous connaissons les Yankees, nous connaissons les Mets, nous connaissons les Lakers et nous connaissons les rois, mais connaissons-nous le roi des rois?

Connaissez-vous le roi des rois de manière personnelle? Si vous connaissez le roi des rois de manière personnelle, alors vous connaissez la réalité du Seigneur. Je ne parle pas de connaître son nom. La réalité du Seigneur prend un sens différent quand vous savez qui il est: Le connaissez-vous sous le nom de Jéhovah Rohi notre berger? Le connaissez-vous comme Jéhovah Tsidkenu notre justice? Le connaissez-vous comme Elohim notre Créateur? Le connaissez-vous comme El Shaddai Dieu Tout-Puissant? Le connaissez-vous chez Adonaï mon Seigneur? Le connaissez-vous comme Jéhovah Jireh notre fournisseur?

Le connaissez-vous en tant que Jéhovah Rophe notre guérisseur? Le connaissez-vous comme Jéhovah Nissi notre bannière? Le connaissez-vous comme Jéhovah M'Kaddesh notre sanctificateur? Le connaissez-vous sous le nom de Jéhovah Shalom notre paix?

Si vous le connaissez comme étant l'un de ces éléments, alors et seulement alors, pouvez-vous dire que vous connaissez la réalité du Seigneur. Voyez-vous, il est notre créateur, notre bannière, notre berger, notre droiture, notre fournisseur, notre guérisseur et notre sanctificateur. Si vous ne le connaissez pas sous aucun des noms; alors comment apprenez-vous à le connaître? La réponse est la camaraderie. Vous devez communier avec le Seigneur pour le connaître. Si vous avez besoin de paix dans votre vie maintenant.

Peux-tu aller voir Jéhovah Shalom et lui demander de te donner sa paix? La paix que vous désirez est dans la présence de Jéhovah Shalom. En présence du Seigneur, il y a tout ce que nous voulons ou dont nous avons besoin. Si vous ne connaissez pas la réalité du Seigneur, vous ne saurez pas que tout ce que vous avez toujours désiré est déjà en place devant le Seigneur. Jésus est la paix, la guérison et la provision!

Jésus a pourvu à tous les besoins de l'humanité sur la croix. Il appartient à l'humanité de se rendre à l'endroit où nous demandons ce qui nous appartient déjà. Le magasin était payé par le sang inestimable de Jésus. Nous avons été rachetés au diable. Il ne peut plus vous réclamer comme son. Vous êtes la propriété du Père Dieu par le sang inestimable de Jésus.

Quand vous savez qui vous êtes en Christ; alors vous saurez la réalité du Seigneur. Vous devez d'abord savoir qui vous êtes en Christ. Dieu dit que son peuple périt faute de connaissances. Vous devez savoir qui vous êtes en Christ. En Christ, il y a liberté du péché, de la loi et de la mort. En Christ, vous n'êtes plus sous la malédiction de la loi. Je vous prie de chercher et d'étudier la Parole de Dieu pour que vous puissiez la connaître par vous-même. La réalité du Seigneur est votre clé pour les promesses de Dieu. Le Seigneur ne vous cachera rien en sa présence.

Entrez dans la présence de Dieu afin que vous puissiez expérimenter tout ce que Dieu pour vous. Il y a de la joie dans la présence de Dieu! Il y a de la sagesse, de la direction et de la compréhension de la présence de Dieu. En présence de Dieu, la réalité du Seigneur est révélée. Je vais le répéter: En présence de Dieu se révèle la réalité du Seigneur.

Où veux-tu être? Si vous désirez la présence de Dieu, alors préparez-vous à faire l'expérience de la réalité du Seigneur. Vos pas seront ordonnés en présence de Dieu, ce qui vous fera marcher dans la réalité du Seigneur comme vous ne l'avez jamais, jamais, jamais marché auparavant. Le voyage est doux et le voyage est long. Accrochez-vous, le Saint-Esprit sera votre guide. N'essayez pas de vous guider. Il a plus d'expérience que vous et est capable de vous montrer les trous dans la piste au moment de décoller.

Il est le copilote, mais ne prendra pas le contrôle avant que vous ne le perdiez. Si vous acceptez de laisser le Saint-Esprit contrôler le joystick, nous pouvons commencer. Je sais que vous volerez dans la vie avec le Saint-Esprit en charge. Il vous emmènera directement dans les plaines de la réalité du Seigneur. Il fera votre atterrissage en douceur, de sorte que les batailles de la vie ne vous rattraperont jamais. Il n'a jamais dit que tu n'aurais pas de batailles. Il veillera à ce qu'ils ne vous dépassent pas. Le voyage durera toute une vie, mais à la fin, si vous le laissez contrôler les choses, vous entendrez le Seigneur de la réalité vous dire: bien fait, mon bon et fidèle serviteur entre dans la joie du Seigneur.

Chapitre 15
Croire au rapport du Seigneur

Pourquoi croyez-vous en Dieu? Si vous ne croyez pas en Dieu pour quoi que ce soit, c'est l'une des plus mauvaises positions. Dieu est le propriétaire de l'univers! Il est Celui qui a tout.

Je veux contester vos schémas de croyance. Que crois-tu? Croyez-vous que le dieu de l'univers qui a créé les cieux et la terre est votre fournisseur? Croyez-vous que le Dieu de l'univers, qui a créé les cieux et la terre, peut faire quelque chose? Croyez-vous que celui qui a ressuscité Jésus des morts peut vous guérir de la maladie du cancer?

Que crois-tu? Si vous ne croyez pas ce que dit la Parole de Dieu, alors vous croyez probablement un mensonge. Le diable va mentir aux chrétiens comme aux non-chrétiens. Peu importe qui vous êtes. S'il a menti à Ève quand elle était dans le jardin d'Éden, il vous mentira aujourd'hui.

Pourquoi appelle-t-on le cancer une maladie? En regardant le mot maladie, vous pouvez voir si vous allez regarder de près. La maladie, si le disque est enlevé devient une facilité. Dieu veut que chacun de nous soit à l'aise. Quel est un autre mot pour la facilité? Un autre mot pour la facilité est la paix. Si on vous dit que vous avez un cancer du sein, vous ne serez probablement pas en paix. Si vous connaissez la Parole de Dieu, vous pouvez être à l'aise lorsque vous recevez des informations aussi alarmantes. Pourquoi? Parce que Jésus a porté toutes nos maladies et maladies sur la croix il y a 2000 ans. La guérison fait partie du paquet de salut que vous avez reçu, si et quand vous avez reçu Jésus dans votre cœur. 1 Pierre 2:24, dit; Qui lui-même a porté nos péchés dans Son propre corps sur l'arbre, afin que nous, morts de péchés, puissions vivre pour la justice, par les blessures de qui vous avez été guéri.

Une autre raison pour laquelle nous devons croire le rapport du Seigneur et non le rapport du monde se trouve également dans 1 Pierre. Nous ne devons pas nous inquiéter car l'amour du Père répond à nos besoins quotidiens et à nos besoins spéciaux. Ne croyez-vous pas que se faire dire que vous avez le cancer est un besoin particulier auquel il faut répondre?

1 Pierre 5: 7, dit; Tous ses soins sont sur lui, car il prend soin de vous. Le mot soin en grec est une marina. Le mot dénote les distractions, les angoisses, les fardeaux et les soucis. Il ne dit pas que les soucis, les fardeaux et les distractions ne viendront pas; ce qu'il dit, c'est que lorsqu'ils viendront, jetez-les sur Jésus. C'est tellement important! Encore une fois, je vous demande ce que vous croyez?

Si vous croyez en la Parole de Dieu, vous allez, en un clin d'œil, jeter tous les soucis de ce monde sur le Seigneur. S'il y a le moindre doute en vous, l'une des deux choses suivantes se produira: (1) vous ne laisserez aucun soin au Seigneur; ou (2) Vous allez lancer certains des soins, mais pas tous.

Dans lequel de ces endroits te trouves-tu? J'espère que je ne vous trouve dans aucun de ces endroits. J'espère que vous croyez en la Parole de Dieu. Les fardeaux de la vie sont conçus pour vous éloigner des promesses de Dieu.

Jésus ne viendra plus sur terre pour vous le prouver. Il met des hommes et des femmes sur nos chemins pour nous aider à aller là où il veut que nous allions. Mais souvent, nous rejetons les hommes et les femmes qui se trouvent sur nos chemins. Croyez-vous que Dieu veut que vous soyez mis à part du monde? La sainteté est juste cela; être saint, c'est être mis à part pour Dieu et pour le monde. Vivez-vous si incroyants donneront gloire à Dieu parce que votre vie est juste?

Est-ce que votre vie amène vos collègues incroyants à se demander si vous êtes chrétien ou non? Que crois-tu?
Si votre marche n'est pas juste à cause de ce que vous croyez, la Parole de Dieu a la réponse pour vous. 1 Jean 2: 6, dit; Celui qui dit demeurer en lui doit aussi marcher comme il a marché.

Comment a –t-il marché? En obéissance à son père. Nous devrions marcher de la même manière. Si nous le faisions, il ne serait jamais question de ce que nous croyons. Vous recevez un rapport indiquant que vous avez été congédié de l'emploi que vous occupez depuis plus de 20 ans. Quelle devrait être votre réponse? À qui rapport vas-tu croire? Si vous suivez la même marche que Jésus a marché, alors votre réponse et votre rapport seront que Dieu a un meilleur travail pour vous et une promotion pour le faire. Vous resterez sur 1 Pierre 5: 7 jusqu'à ce que le travail se manifeste. Plusieurs fois, nous voulons abandonner, mais frères et sœurs, restez debout jusqu'à ce que vous voyiez la gloire de Dieu. N'abandonne pas!

C'est juste un mot de deux lettres, mais un mot très puissant. Le mot dénote votre choix dans la vie. Si vous choisissez de ne pas croire la Parole de Dieu, vous vous mettez sous la malédiction. Si vous choisissez de croire en la Parole de Dieu, vous vous mettez sous la bénédiction. Dieu ne limite pas votre liberté de choix. Il vous permet de choisir d'être béni ou maudit. Vous choisissez quel chemin dans la vie vous allez suivre.

Que crois-tu? Les chrétiens et les non-chrétiens accusent Dieu d'accidents, de morts et de tout autre événement tragique de la vie. C'est sans réfléchir! Si vous vouliez vous arrêter un instant et réfléchir: qui est venu tuer et voler dans la vie? Était-ce Dieu ou était-ce le diable? La plupart des gens connaissent la réponse: le diable.

Alors pourquoi reproches-tu à Dieu des accidents, des morts et toutes les autres tragédies qui se produisent dans la vie? Ce monde ne veut pas rejeter la faute sur le vrai personnage qui, depuis des années, n'a pas été touché par le monde, le diable. C'est lui qui provoque les accidents, les décès prématurés et toutes les autres choses tragiques de la vie. La faute en revient à ses genoux, pas à Dieu.

Encore une fois, qui allez-vous croire? Si tu vas croire en Dieu; sache que toutes les bénédictions d'Abraham sont à toi pour la prise. Si vous choisissez de croire le diable; sache que toutes les malédictions du diable sont à toi pour la prise. La vie est associée à Dieu et la mort est associée au diable. Vous faites le choix! Pendant que vous réfléchissez à qui vous allez choisir, je veux que vous lisiez cette Écriture: Et tout ce que nous demandons, nous le recevons, parce que nous gardons ses commandements et faisons ce qui lui est agréable (Jean 3:22). Remarquez qu'il n'a pas dit notre vue. Nous devons faire les choses qui lui plaisent. Si votre but dans votre cœur est de faire ce qui lui est agréable, vous ne pouvez pas vous tromper. Quoi que nous demandions, nous recevons de lui.

Si votre fils ou votre fille est agréable à vos yeux, tout ce qu'ils vous demandent, ils le reçoivent. Cela ne vous dérange pas de leur donner ce qu'ils demandent s'ils sont agréables à vos yeux. C'est ce que ressent notre Père céleste. Si nous sommes agréables à ses yeux, nous recevrons de lui tout ce que nous demanderons.

Vous pourriez dire, je n'ai pas reçu de lui ce que je demandais. Il y a un qualificatif! Est-ce que ce que vous avez demandé correspond à la volonté de Dieu? Vous ne pouvez pas demander la femme d'une autre personne.

Cela s'appelle un adultère, et cela ne correspond pas à la volonté de Dieu. Vous ne pouvez pas demander à la personne qui vous a fait mal de s'éloigner de votre présence. C'est ce qu'on appelle le pardon, et cela ne correspond pas à la volonté de Dieu. Dieu exige que vous pardonniez à ceux qui vous ont blessé. Si vous êtes marié, il vous a donné votre propre femme. Si vous choisissez de croire la promesse exposée dans 1 Jean 3:22 et que vous alignez vos actions et vos paroles avec la volonté de Dieu, vous serez au sommet du monde.

Vous serez la tête et non la queue! Lorsque nous respectons ses commandements, nous prouvons que nous sommes en harmonie avec la volonté de Dieu. Encore une fois, à quoi croyez-vous? Il est si important que ce que vous vous permettez de croire s'aligne avec la volonté de Dieu. Dieu nous a donné sa volonté dans sa Parole. La Bible contient toutes les volontés de Dieu. Il est là pour vous d'examiner au maximum.

Beaucoup de gens ne possèdent pas de Bible dans leur maison. Quand je grandissais, tout le monde possédait une Bible chez lui. Il y avait peut-être de la poussière, mais c'était dans presque toutes les maisons. Les États-Unis d'Amérique se sont tellement éloignés de Dieu qu'un retour complet à Dieu est la seule chose qui sauvera ce pays.

Est-ce que vous avez cru en? Vous pourriez dire, je n'ai simplement pas cru à la Parole de Dieu, ce n'est pas un péché. Eh bien, décrivons le mot péché. Le péché est la désobéissance à la loi de Dieu. Si vous ne croyez pas la Parole de Dieu, vous désobéissez à la loi de Dieu, car la loi de Dieu est la Parole de Dieu! Vous ne pouvez pas contourner ce fait de vérité, la loi de Dieu est la Parole de Dieu. Découpez-le comme vous le voulez et cela se passera de la même façon: la loi de Dieu est la Parole de Dieu.

Si vous n'avez pas pleinement cru à la Parole de Dieu, vous avez péché. 1 Jean 3: 9, dit; Celui qui est né de Dieu ne pèche pas, car sa postérité demeure en lui; et il ne peut pas pécher, car il est né de Dieu. Le péché est naturel pour les enfants du diable, qui ont péché depuis le début, mais contre nature pour les enfants de Dieu, qui ne peuvent pécher sans la conviction de l'Esprit. L'indulgence constante dans le péché contredit la prétention d'avoir une connaissance personnelle de Christ. Les chrétiens peuvent commettre un acte de péché occasionnel, mais ils ne se caractérisent pas par un esprit d'anarchie. Quand ils pêchent, Dieu nous a donné 1 Jean 1: 9 pour revenir dans la bonne communion avec lui.

Maintenant que nous savons que le péché est la désobéissance à la loi de Dieu et que la loi de Dieu est la Parole de Dieu, nous devons croire la Parole de Dieu de tout notre cœur. Il y a des lois spirituelles qui sont énoncées dans la Parole de Dieu et que tous peuvent suivre. Peu importe si vous croyez ce qui est écrit. La seule chose qui compte, c'est qu'ils soient lus et suivis par tous.

Savez-vous que vous serez responsable de la Parole de Dieu même si vous ne lisez pas la Bible? Vous serez tenu responsable de quelque chose que vous ne savez peut-être pas. Dieu nous a donné sa parole à suivre. Le livre le plus important que vous puissiez lire et comprendre est la Bible. La Parole de Dieu nous dit que nous avons une meilleure alliance et de meilleures promesses. Encore une fois, je vous demande ce que vous croyez Dans Hébreux 8: 6, il est dit:

Mais maintenant, il a obtenu un ministère plus excellent, dans la mesure où il est également médiateur d'une meilleure alliance, qui a été établie sur de meilleures promesses.

Qui est-il? Jésus! Jésus a obtenu une meilleure alliance, fondée sur de meilleures promesses, et il est le médiateur. Le ministère actuel de Jésus est plus excellent que celui qu'il exerçait alors qu'il marchait sur la terre.

Voyez-vous cela aussi? Les Écritures disent qu'il a obtenu un ministère plus excellent. Jésus avait un ministère quand il marchait sur la terre, mais son ministère actuel est plus excellent que celui d'avant, pas seulement excellent, mais plus excellent.

Dieu n'invente pas que des mots, il veut que vous ne voyiez pas seulement quelque chose, mais que vous appreniez quelque chose dans sa Parole. Raison de plus pour laquelle nous devrions croire la Parole de Dieu au maximum. Le diable a essayé de tuer Jésus et tout ce qui s'est passé, c'est que Jésus n'est pas resté mort, mais a été élevé à un autre niveau. Il avait un ministère quand il a marché sur la terre, et maintenant assis au ciel, il a un ministère plus excellent.

Les Écritures disent; Il a obtenu un ministère plus excellent. Si le cancer se présente à vous, croyez-vous au rapport sur le cancer ou faites-vous appel au meilleur ministère de Jésus? Quel rapport croirez-vous? Le rapport du docteur terrestre ou le rapport du grand docteur, Roi Jésus? Le rapport du médecin terrestre peut contenir des faits, mais le rapport du Grand docteur contiendra des vérités.

Quoi que vous croyiez dictera votre chemin dans la vie. Si vous croyez la tradition de l'homme ou les mensonges du diable, vous vous placez dans la position d'obtenir la mort comme récompense. Si vous ne croyez pas la tradition de l'homme ou les mensonges du diable, mais la Parole de Dieu, vous vous placez dans la position d'obtenir la vie comme récompense. Laquelle de ces récompenses obtiendrez-vous?

Ce que vous croyez ou ne croyez pas est fermement entre vos mains. Vous pouvez faire de votre vie un succès, ou vous pouvez faire de votre vie un échec. Vous êtes le responsable, pas le diable ou Dieu. Profitez au maximum de cette offre unique.

Jésus est notre médiateur. La médiation est une intervention amicale destinée à apporter une aide. Nous ne pouvons pas nous tromper si nous alignons avec la Parole de Dieu et la suivons. Si vous le suivez et demeurez dans la Parole, Jésus intervient pour vous. Avec l'intervention amicale de Jésus, vous ne pouvez pas vous tromper. Maintenant, Jésus est aussi notre grand prêtre. Voyons ce que dit la Parole de Dieu sur le fait que Jésus est notre grand prêtre:

Or, c'est le point principal de ce que nous disons: nous avons un tel souverain sacrificateur, qui est assis à la droite du trône de la majesté dans les cieux; Ministre du sanctuaire et du vrai tabernacle que le Seigneur a érigé et non de l'homme (Héb. 8:12), Dieu n'utilise pas de mots vides, il fait une déclaration dans la Parole ci-dessus. Dieu dit clairement que l'essentiel de ce qu'il veut nous faire comprendre est que, dans l'excellent ministère de Jésus, nous avons un grand prêtre assis en position d'autorité. Voyez par vous-même, voici l'essentiel de ce que nous disons: nous avons un tel grand prêtre…

Encore une fois, à quoi croyez-vous? Croyez-vous que vous avez le cancer quand nous avons un grand prêtre assis à la droite du trône de majesté dans les cieux et dont le nom est au-dessus de chaque nom? Je veux vous poser une question. Le cancer est-il un nom? Si vous n'avez pas réclamé son nom pour vous-même, il n'est pas votre grand prêtre.

Retour à l'excellent ministère et au sang purifié. Nous ne pouvons pas nous tromper si nous suivons de près la protection (sécurité) du Seigneur. Je veux que vous compreniez ce point: le paiement de notre sécurité était le sang de Jésus. Il a payé un prix incroyable pour votre sécurité.

L'histoire des trois jeunes hommes hébreux est une illustration dramatique de la présence personnelle et de la protection du Seigneur pour son peuple qui souffre pour son témoignage. Le quatrième homme dans la fournaise est une christophanie (une apparence pré-incarnée du Messie) que même le roi reconnaît être comme le Fils de Dieu. Nabuchodonosor a reconnu que la délivrance était de Dieu.

Vos ennemis reconnaîtront que votre délivrance dépend de Dieu lorsque vous vivez, bougez et que vous êtes en communion avec le Père, le Fils et le Saint-Esprit. Une dernière chose que le jeûne, la prière et la louange devrait être dans votre vie car ils apporteront l'obéissance à votre vie. Vous ne pouvez pas faire tous les trois régulièrement et ne pas être obéissant.

L'Esprit d'Obéissance vous poursuivra! Si vous jeûnez, priez et louez, vous êtes sur le chemin de la sécurité quotidienne de Dieu. Ne vous laissez pas prendre par les dénominations, mais par la relation avec Dieu le Père, le ministère de Dieu.

Qu'est-ce que plus signifie, quelque chose en plus? Que signifie excellent - le meilleur du genre. Qu'est-ce qui a été ajouté au très bon ministère de Jésus? Je crois que ce qui a été ajouté au ministère de Jésus, c'est vous et moi.

Laissez-moi vous raconter comment je suis arrivé à cette théorie: lorsque notre Seigneur a marché sur la terre, son ministère était très bon. Une des références à cela est la déclaration selon laquelle Jésus s'est efforcé de faire le bien et de guérir tous ceux qui étaient malades. Jésus est le chef sur l'Église - vous et moi. Nous avons été ajoutés au bon ministère de Jésus; qui est l'intermédiaire entre l'humanité et Dieu.

Jésus n'avait pas d'église alors qu'il marchait sur cette terre. L'Église, les appelés; n'a pas été ajouté jusqu'à ce que Jésus soit retourné pour être avec le Père.

Si vous le pouvez, mettez cela dans votre esprit, notre Souverain Sacrificateur attend que nous l'invoquions, et il nous aidera, par le Saint-Esprit, par le Père. Le ministère de Jésus est accompli dans le véritable sanctuaire, non pas de la Terre, mais du Ciel. En tant que prêtre et roi, il occupe la place du pouvoir suprême. Craignez-vous que vos proches non sauvés ne puissent être sauvés? Si tel est le cas, vous ne connaissez pas le pouvoir du plus excellent ministère de Jésus de nos jours. Le pouvoir du plus excellent ministère actuel de Jésus est impressionnant, tout simplement génial.

Nous ne devons rien croire en dehors de la Parole de Dieu. La Bible énonce tout ce que le ministère plus excellent de Jésus peut faire et fera pour vous. Si vous choisissez de croire des choses en dehors de la Parole de Dieu; vous prenez un risque sérieux. Un risque qui peut entraîner la mort! Je n'essaie pas de vous effrayer; J'essaie de vous informer.
Jésus-Christ est entré dans l'histoire en tant que prêtre éternel pour offrir un sacrifice éternel pour le péché. La perte de son sang a fourni un sacrifice permanent et un lien d'alliance permanent entre Dieu et l'homme. Son sang a été appliqué non seulement à un autel terrestre, mais à l'autel même de Dieu au ciel, où il a obtenu une fois pour toutes la rédemption du péché pour ceux qui le reçoivent. Le lien immuable qui est établi par la Nouvelle Alliance dans le sang de Christ est l'ultime accomplissement de la nature de l'Alliance qui établit l'Alliance. La grâce et la miséricorde ont caractérisé la nouvelle alliance remplaçant la première alliance inadéquate.
Pourquoi je te dis ça? Parce que vous avez des droits dans la nouvelle alliance. Des droits qui affectent ce que tu crois et ce que tu ne crois pas. Vous avez le droit de sauver tout votre ménage (nouvelle alliance). Vous avez le droit de marcher dans la santé divine du Seigneur (nouvelle alliance). C'est votre droit de prospérer (nouvelle alliance). C'est ton droit d'être guéri (nouvelle alliance). C'est votre droit de parler avec d'autres langues (nouvelle alliance). C'est votre droit de grandir (nouvelle alliance). Vous avez le droit de ne pas avoir peur (nouvelle alliance). Vous avez le droit d'être humble et élevé (nouvelle alliance). C'est votre droit, rapide d'entendre (nouvelle alliance).
Vous pourriez dire, j'ai un problème avec la guérison et avec d'autres langues. Allez-vous croire à la tradition des gens ou à la Parole de Dieu? Lequel est l'autorité dans votre vie?
Rappelez-vous ceci, si vous ne croyez pas la Parole de Dieu, vous péchez. Si vous ne croyez qu'une partie de la Parole de Dieu, vous péchez. Vous êtes responsable de ce que vous croyez ou ne croyez pas. Vous devez parcourir la Bible pour découvrir quelle est la volonté de Dieu. Tout ce qui est moins produit le péché dans votre vie.
Vous ne pouvez pas placer un pied sur la propriété du diable et un pied sur la propriété de Dieu et s'attendre à ce qu'un miracle se produise dans votre vie. Vous devez croire la Parole de Dieu pour que des miracles se produisent dans votre vie! Vous devez croire en la Parole de Dieu pour pouvoir recevoir les bénédictions de Dieu dans votre vie.

Le péché est la désobéissance à la loi de Dieu. Comment définit-on le péché bibliquement? Transgression (1 Jean 3: 4), Imprudence (1 Jean 5:17), Omission du devoir connu (Jacques 4:17), Pas de la foi (Romains 5:12, 16), Pensée de la folie (Prov. 24 : 9).

Quels sont certains types de péchés? National (Prov. 14:34), personnel (Josué 7:20), secret (Ps. 90: 8), volontaire (Psaume 19:13), évident (1 Tim. 5:24);

Sans vergogne (Is. 3: 9); Jeune / immature (Psaume 25: 7); Public (2 Sam.

24:10, 17); Impardonnable (Matt. 12:21, 32, Jean 8:24); D'ignorance

(Lév. 4: 2); Détermination (Héb. 10:26).

Est-ce que je veux dire que vous pouvez pécher par votre ignorance? Ne pas observer les commandements du Seigneur entraîne une violation du code de la sainteté et de la relation d'alliance avec Dieu. Cela ne dit pas que vous devez connaître le commandement, même ceux que Dieu vous tient pour responsables de savoir ce que le commandement dit.

Vous êtes tenu responsable de ce que vous ignorez involontairement concernant les commandements du Seigneur. Pourquoi, parce qu'Il vous dit de rechercher Son Royaume et Sa Justice.

Chapitre 16
La sécurité des pieux

Nous avons la sécurité si nous sommes pieux. Des anges seront campés autour de nous pour nous maintenir dans toutes nos voies. Nous demeurerons sous les ailes du Tout-Puissant. Quel endroit spécial pour rester. Quelle protection plus grande existe-t-il pour le pieu que sous les ailes du Tout-Puissant?

Le psaume 91: 1 dit: Celui qui habite dans le lieu secret du Très-haut reste stable et fixé à l'ombre du Tout-Puissant. Dans ce verset, il y a deux noms de Dieu: le Très Haut ou El Elyon et le Tout-Puissant ou El Shaddai.

Récemment. J'ai perdu mon téléphone portable en me rendant au travail, mais au bout de 30 minutes, El Elyon était au travail et a informé ma femme que mon téléphone portable était. Ma femme a appelé mon numéro de téléphone portable pour voir si j'étais encore au travail. Elle venait de me laisser partir au travail à 7 h 30 et le service du shérif a répondu à mon téléphone cellulaire à 8 h 00. Ma femme, ignorant que j'avais perdu mon téléphone cellulaire, a raccroché.

Je veux que vous voyiez ce que le Psaume 91: 11-12 avait à dire: "Car il donnera ses ordres à ses anges sur vous. Pour vous garder dans toutes vos voies. Entre leurs mains, ils te porteront, de peur que ton pied ne heurte contre une pierre.

Il donnera ses ordres aux anges sur vous. Je ne savais pas vraiment si j'avais perdu mon téléphone portable, mais immédiatement Dieu a demandé à ma femme d'appeler le numéro et nous avons pu savoir où se trouvait mon téléphone portable. Celui qui a trouvé le téléphone l'a transformé en shérif adjoint.

Le Dieu suprême se préoccupe de tous les domaines de votre vie. Cela ne vous paraît peut-être pas très utile, mais je connais un autre employé de mon travail dont le mari a perdu son téléphone portable au travail. Quelqu'un l'a reçu et a facturé plus de 200 $ d'appels, en plus de payer des frais d'activation supplémentaires. La protection de Dieu est grande. Nous n'avons rien eu à payer.

Le téléphone a été perdu vendredi et je l'ai retrouvé lundi. Je ne dis pas que je suis meilleur que l'autre homme, mais que si vous demeurez dans sa Parole, il prendra soin de tous vos besoins et désirs.

Mon téléphone portable aurait pu être remplacé, mais Dieu le Père ne veut pas que tu sois concerné par quoi que ce soit. Je ne dis pas non plus que l'autre homme ne cherche pas le Royaume de Dieu, ce que je dis, je le sais, je sais que ma femme et moi recherchons le Royaume de Dieu et sa justice de tout notre cœur, de notre âme, et nos esprits. Puisque nous recherchons le Royaume de Dieu et sa justice avec chaque fibre de notre être, alors Dieu est obligé de prendre soin de nous. Je ne me vante pas. La Parole de Dieu dit que nos besoins seront satisfaits si nous cherchons d'abord le Royaume de Dieu et sa justice. La sécurité de Dieu peut prendre de nombreuses formes. Une de ces formes est que vous pouvez sembler finir vos tâches plus rapidement que d'autres. Dieu peut vous aider à ne pas utiliser autant d'énergie que les autres dans l'accomplissement de votre tâche. Nous négligeons la sécurité de Dieu envers son peuple. Regardant comment il a protégé Israël. Il va nous protéger aujourd'hui.

Je me souviens de rentrer chez moi de l'église et une petite fille a couru devant ma camionnette. Je n'ai pas eu le temps de m'arrêter, mais ce jeune enfant a été replacé sur le trottoir et a continué. Dieu a protégé non seulement ce jeune enfant, mais aussi pour moi et ma famille. Proverbes 18:10; dit: Le nom du Seigneur est une tour forte. Les justes y courent et sont en sécurité. L'original dit Le nom du Seigneur est une tour forte. Les justes y courent et sont placés en hauteur.

Si vous êtes sur le haut, rien, et je veux dire rien ne peut vous atteindre. Vous êtes en sécurité lorsque vous courez au nom du Seigneur. Il existe un pouvoir et une protection au nom du Seigneur. Jésus a payé un prix incroyable pour le nom Seigneur Jésus. Vous ne réalisez pas le prix que Jésus a payé pour avoir le droit d'être appelé Seigneur par vous et moi. Il a donné sa vie. La vie de Jésus ne lui a pas été enlevée. Il l'a déposé afin que nous puissions avoir une vie abondante. Si j'avais frappé ce jeune enfant, ses parents seraient sans fille et je souffrirais de la peine d'avoir causé la mort de cet enfant.

Nous avons appelé le nom de Jésus dans cette camionnette et il a envoyé ses anges pour protéger cette camionnette et le jeune enfant. Elle n'a jamais réalisé qu'elle avait été remise sur le trottoir, mais nous savions ce qui venait de se passer. Si nous n'avions pas prononcé le nom de Jésus, je pense que nous aurions frappé ce jeune enfant.

Nous avons appelé le nom de Jésus dans cette camionnette et il a envoyé ses anges pour protéger cette camionnette et le jeune enfant. Elle n'a jamais réalisé qu'elle avait été remise sur le trottoir, mais nous savions ce qui venait de se passer. Si nous n'avions pas prononcé le nom de Jésus, je pense que nous aurions frappé ce jeune enfant.

Le nom du Seigneur est votre tour forte, pas seulement une tour, mais une forte tour. Dieu veut que nous sachions que la sécurité de Dieu est dans cette tour forte. Il veut que nous sachions qu'une fois que nous sommes entrés, personne ne peut nous cueillir.

Tout le monde ne peut pas tomber sur le nom du Seigneur. Le nom du Seigneur est réservé aux justes et seulement aux justes. Qui sont les justes? Ce sont ceux qui sont debout devant Dieu. Dieu ne protège pas ouvertement ceux qui ne sont pas debout devant lui. Il promet une protection aux justes. Les justes peuvent tomber sur Son Nom et rester en sécurité. Le nom du Seigneur protège non seulement ma force mais aussi ma taille. Les justes sont hors de portée. Vous n'avez rien à craindre lorsque votre protection vient du Seigneur.

Les justes sont des enfants du Dieu suprême (El Elyon) qui se sont déclarés justes à cause de leurs pensées et de leurs actes. Lorsque vous donnez tout pour le Seigneur, le Seigneur vous donnera tout. Vous ne pouvez pas battre la générosité de Dieu, peu importe vos efforts. Continuez à donner à Dieu et Dieu continuera à vous donner. Proverbes 16: 3 ne pouvait pas en dire plus, engagez vos œuvres auprès du Seigneur. Et vos pensées seront établies.

Si quelqu'un retourne au Seigneur ce qu'il a l'intention de faire, ses objectifs de vie se concrétiseront. Vous ne pouvez pas battre ce genre de sécurité. Votre intention de vivre sera protégée lorsque vous confiez vos projets au Seigneur. Si ce n'est pas la sécurité, je ne sais pas ce que c'est. Dieu prendra vos pensées et les fera arriver.

Je sais que nous ne pensons pas à cela comme à la sécurité des personnes pieuses, mais ce n'est que cela. Le Seigneur vous a donné une promesse! Si vous prenez vos paroles et vos pensées et les transmettez au Seigneur, il ne les fera pas mais les fera aboutir ou passera. Le marché boursier pourrait s'effondrer, mais pas vos actions. Pourquoi? Parce que vous avez confié vos œuvres au Seigneur et qu'il les a établies.

Nous devons arriver au point où nous croyons en la Parole de Dieu. Vous pourriez vous demander, comment mes actions peuvent-elles monter lorsque le marché boursier s'est tout simplement affaissé? Parce que vous avez confié vos actions au Seigneur et qu'il a établi le plan que vos actions adopteraient dans la vie. Si vous ne le croyez pas, lisez simplement votre Bible. Dieu prospérera toujours son peuple au moment de la famine. Vous êtes en sécurité lorsque vous savez que vous le savez, Dieu protège son peuple; que tout ce que vous touchez avec vos mains prospérera à la gloire de Dieu.

Cela se produira lorsque vous annulerez tous vos plans au Seigneur. La sécurité des fidèles ne peut pas vous être montrée avec une force plus grande que celle que l'on trouve dans Proverbes 16: 3. Croyez la Parole de Dieu et vos objectifs de vie se concrétiseront. Vous pouvez croire les faits du monde ou la vérité de la Parole de Dieu. Le cancer est un fait établi dans ce monde, mais la vérité de la Parole de Dieu est que, par les rayures mêmes de Jésus, vous êtes guéri. Lesquels de ces deux laisserez-vous dominer votre vie? Que permettez-vous de dominer votre vie? Les faits de ce monde veulent la première place.

Je ne dis pas que vous n'allez pas chez le médecin. Dieu a fait des médecins pour nous! Ce que je dis, c'est que la vérité de la Parole de Dieu dit que par les rayures de Jésus, vous avez été guéri. C'est à vous, par la foi, d'obtenir cela dans votre être. Vous avez guéri il y a 2000 ans au Calvaire! Lorsque le travail rédempteur de Jésus fut terminé, il le fut pour tous les hommes Tout est tout. Il comprend tout ce qui vivait à cette époque et tout ce qui se passerait dans le futur. Quelle partie de tout tu ne comprends pas?

Sur la croix, Jésus a dit: «C'est fini.» Vous pourriez dire, mais j'ai l'impression d'être malade, Faith n'est pas un sentiment; c'est par la foi que vous devez réclamer votre guérison avant qu'elle puisse se manifester dans votre vie.

Quand Jésus a dit: "C'est fini", il a proclamé que tout le travail rédempteur était terminé. La foi vient en entendant la Parole de Dieu. La Parole de Dieu est vivante et prospérera dans votre vie si cela est permis.

Guérir, c'est la sécurité! Si vous êtes malade, vous ne vous sentez pas en sécurité. Si vous allez bien, vous vous sentez en sécurité. Lorsque vous êtes guéri, vous faites l'expérience de la sécurité de Dieu. Vous pourriez dire, je vais bien, mais êtes-vous sauvé?

Il n'y a que deux types de personnes dans ce monde: les sauvés et les non sauvés. Vous avez soit accepté l'œuvre rédemptrice de Jésus et lui avez demandé d'être le Seigneur et le Sauveur de votre vie, soit vous n'avez pas accepté l'œuvre rédemptrice de Jésus et ne lui avez pas demandé d'être le Seigneur et le Sauveur de votre vie. Si vous êtes sauvé, alors vous avez la sécurité du divin sur votre vie, si vous n'êtes pas sauvé, alors vous n'avez pas la sécurité du divin sur votre vie.

C'est la mauvaise nouvelle, mais la-bonne-nouvelle est que vous ne devez pas rester non sauvegardé. Le cadeau gratuit du salut vous attend! Une partie de ce don est la guérison. La guérison a été achetée pour vous par les rayures de Jésus. Pourquoi piétinez-vous sur le sang de Jésus en n'acceptant pas la guérison dans le paquet du salut?

Par les rayures de Jésus, vous avez été guéri. Si vous êtes guéri, alors vous êtes guéri. Pas hier ou le lendemain, mais en ce moment, vous êtes guéri. Il suffit de tendre la main et de réclamer votre guérison par la foi.

La foi est un mot d'action: vous devez faire quelque chose. Vous avez tellement en Dieu que vous ne savez pas ce que vous avez. Dieu le père est juste que, un père. Il nous aime tellement que toutes les mesures ont été prises pour que nous puissions jouir d'une liberté totale face à l'ennemi de notre âme. Tout ce que nous devons faire, c'est croire. Si nous voulions croire la Parole de Dieu, nous serions tellement en sécurité en Dieu qu'aucune arme formée contre nous ne prospérera (Ésaïe 54:17).

Il est vrai qu'il n'y a qu'un seul corps du Christ, mais le fait est qu'il existe de nombreuses dénominations. Quelle devrait être la loi applicable pour toute dénomination? La parole de dieu! Pas ce que quelqu'un pensait dans le passé était la Parole. Je suis contre la ségrégation confessionnelle.

Avant de déposer ce livre, laissez-moi m'expliquer. Regardons ce mot: dénomination. La dénomination est la différence directe de la nomination. Lorsque vous nommez quelqu'un ou quelque chose, vous êtes pour. En réalité, le mot dénomination signifie que vous êtes contre quelqu'un ou quelque chose. Nous avons utilisé la dénomination à tort au cours de ces années. Les personnes qui ont eu l'idée de former des dénominations / nations étaient en réalité contre le Corps de Christ. Étudiez la Parole! Vous ne trouverez aucun baptiste ni aucune autre dénomination mentionnée dans les Écritures. Jean-Baptiste est la seule référence aux baptistes dans les Écritures.

Au début, nous n'étions pas non plus appelés chrétiens.

Je vais vous révéler un secret: si vous êtes dans un groupe et que vous ne savez rien de ses règlements, vous êtes perdu. Vous devez connaître la Bible.

L'Église du Seigneur Jésus est composée de toutes les nations! Paul nous avertit que des hommes pervers entreraient dans l'Église pour provoquer la division entre le Corps. Quand l'Église était ensemble à la Pentecôte, ils ont expérimenté le pouvoir. Pourquoi? Parce qu'ils étaient d'accord. Le corps du Christ doit redevenir un accord. C'est là que réside la sécurité de Dieu.

Je crois que la raison pour laquelle nous ne voyons pas la sécurité des personnes pieuses à tout moment est la division dans le Corps du Christ. Nous sommes appelés à être frères et sœurs, pas dénominations. Nous pouvons être en désaccord, mais nous avons une chose en commun: le sang de Jésus nous a tous achetés. Le sang de Jésus a payé pour notre sécurité de Dieu. La seule raison pour laquelle nous avons cette sécurité est le sang de Jésus. Seul le sang de Jésus nous purifie plus blanc que la neige.

Dieu ne nous a pas appelés à sortir du royaume des ténèbres et ne nous a pas placés dans le royaume de son cher Fils pour que nous soyons placés dans des dénominations. Pensez une minute à un coffre-fort sécurisé. Vous êtes placé dans un coffre-fort et non dans plusieurs coffres. Dieu nous a sauvés pour nous placer dans le Corps de Christ, pas plusieurs dénominations. Les dénominations sont artificielles! Dans la sécurité de Dieu, la communion.

Le diable nous a nourris un mensonge il y a quelques années, et nous l'avons pris pour accrocher, aligner et plomber. Obtenez ceci! À quelle dénomination appartenez-vous? En d'autres termes, quelle partie de la Parole de Dieu êtes-vous contre? Nous avons permis au diable d'avoir trop de place dans le Corps du Christ. Il n'appartient pas à la vraie Église de Jésus-Christ. Les voies de Dieu sont plus hautes que nos voies et ses pensées sont plus hautes que nos pensées. Dieu ne nous a jamais donné la permission de créer des dénominations, dit-il, allez dans toutes les nations et baptisez-les au nom du Père, du Fils et du Saint-Esprit, et demandez-nous de faire de tous les hommes des disciples. Un disciple signifie un étudiant! Qu'apprennent-ils? Être en sécurité dans le royaume de Dieu.

Les dénominations sont des organisations religieuses réunissant des congrégations locales dans un seul organisme. Dieu ne nous a jamais appelés dans une organisation religieuse; Il nous a appelés à communier avec son Fils, Jésus-Christ. Nous ne devons pas être dans une organisation mais dans une relation. On pense encore une fois à ces trois jeunes hommes hébreux: Shadrach, Meshach et Abed-Nego. Daniel 3:28 se lit comme suit:

Nebucadnetsar prit la parole et dit: «Béni soit le Dieu de Schadrac, Méschac et Abed-Nego, qui a envoyé son Ange et a livré ses serviteurs qui se sont fiés à lui, adorez n'importe quel dieu excepté leur propre dieu!

Lorsque vous êtes en relation avec le Dieu de l'univers, vous êtes entre de bonnes mains. Personne ne peut te garder comme Dieu! Si vous ne connaissez pas l'histoire, ces trois personnes ont été placées dans la fournaise du roi pour ne pas vénérer le dieu du roi. Si quelque temps dans l'histoire où la sécurité du divin est montrée est montré, alors c'est maintenant.

Non seulement ils sont protégés de la fournaise féroce, mais ils trouvent la faveur du roi Nebucadnetsar. La faveur de Nebucadnetsar est accordée aux trois. Nabuchodonosor a reconnu que leur délivrance était de Dieu. Si vous restez ferme et voyez la gloire de Dieu, tous vos amis, ennemis et collègues reconnaîtront la sécurité de Dieu.

Dieu ne nous laissera jamais tomber. S'il a gardé Schadrac, Méschac et Abed-Nego, il vous gardera au milieu du feu de votre vie. Vous n'êtes pas obligé d'aller au combat seul. La bataille n'est pas à vous, la bataille appartient au Seigneur. Tu vois cela? Votre travail consiste à rester dans la foi et le travail de Dieu est de bénir.

Si vous ne serez pas ébranlé dans votre foi, vous verrez la gloire de Dieu se manifester dans votre vie. Dans 2 Chroniques, le chapitre 20 est probablement le chapitre le plus familier et le plus aimé, car il explique comment le Seigneur accorde la victoire à ceux qui se confient en lui.

Josaphat était confronté à la plus grande menace extérieure de son règne. Une multitude de Moabites, d'Ammonites et d'autres de Syrie complotaient pour écraser Juda. Face à ces incroyables difficultés, Josaphat s'est humilié devant le Seigneur; et le résultat fut la plus grande victoire de sa vie.

La promesse du Seigneur, à travers le prophète Jahaziel, est un réconfort pour les croyants de tous âges qui font face à des situations sans espoir. Ne soyez pas effrayés ni consternés… car la bataille n'est pas à vous, mais à Dieu (2 Chron. 20: 15). Cependant, le récit révèle trois éléments clés qui placent le peuple de Dieu à l'endroit où il pourrait le livrer: 1) le jeûne; 2) la prière; et 3) la louange.

Ces trois éléments apporteront la sécurité en place à tout moment. Le jeûne est simplement un signe extérieur d'une sincérité intérieure, une preuve de l'urgence que nous ressentons lorsque de nombreux frères et sœurs ont été emmenés captifs dans le camp de prisonniers de guerre.

À cause de la tradition, on nous a appris qu'il est sacré d'être pauvre et que Dieu ne veut pas que vous ayez des richesses.

Mais vous vous souviendrez (sérieusement) du Seigneur votre Dieu, car c'est lui qui vous donne le pouvoir d'obtenir des richesses, afin qu'il établisse son alliance qu'il a jurée à vos pères, comme elle l'est aujourd'hui (Deut. 8:18).

Dieu veut que vous ayez des richesses pour l'aider à établir son alliance dans votre vie. Comment la gloire de Dieu peut-elle être montrée en vous si vous êtes fauché?

Vous voyez des églises qui vendent des pâtisseries ou des ventes de garage, mais Dieu n'a jamais appelé à la vente de son corps. Dans Deutéronome 8:18, Dieu nous dit qu'il donne à l'église le pouvoir de s'enrichir afin d'établir son alliance.

J'entends ton incrédulité. Les gens ont cherché Dieu dans la prière et avec la foi en sa Parole. La victoire est venue d'une manière étrange mais puissante. Les Lévites se sont levés et ont loué le Seigneur, le Dieu d'Israël, à voix haute et haute. Le résultat de cet éloge puissant fut une victoire totale. La sécurité de Dieu suivra ceux qui apprennent à jeûner, à prier et à louer le Seigneur Dieu d'Israël.

Dieu est intronisé dans les louanges de son peuple. Chaque fois que le peuple de Dieu le loue, il règne parmi eux et fait des choses miraculeuses en leur nom. Si tant a été fait pour le peuple de l'Ancien Testament, à quel point la protection de Dieu devrait-elle être renforcée pour le peuple amené et payé par le peuple? Sang de Jésus?

Les gens de l'Ancien Testament n'étaient pas nés de nouveau; parce que Jésus n'était pas encore allé à la croix et était mort pour nos péchés.

Nous ne sommes pas seulement nés de nouveau mais nous sommes lavés avec du sang, du sang acheté par le Fils et Dieu le Saint-Esprit. La Parole de Dieu est ouverte à tous ceux qui la recherchent! Vous saurez que vous savez, que vous savez que Dieu est réel et qu'il veut communier avec vous. Encore une fois, votre sécurité a été achetée à la croix il y a 2000 ans. Pourquoi ne réclamez-vous pas ce qui vous appartient?

Chapitre 17
Prisonniers de guerre dans le corps du Christ

En Dieu, il y a compréhension et force. Si toute la compréhension et la force dont vous aurez besoin se trouvent dans le Seigneur, pourquoi recherchez-vous la compréhension et la force en vous-même et en d'autres hommes?

Le créateur des cieux et de la terre vous donnera toute la compréhension et la force dont vous aurez toujours besoin. Dieu a promis qu'Il parlerait d'excellentes choses, de bonnes choses. Dans la vie, il y a beaucoup de routes à parcourir. Avec Dieu dirigeant votre chemin, vous ne serez jamais sur le mauvais chemin de la vie. Quand vous venez à la route dans le mariage.

Si Dieu dirige votre chemin, parce que vous craignez le Seigneur, vous ne prendrez pas le mauvais chemin (de femme) du mariage. Si Dieu dirige votre chemin, vous ne prendrez pas le mauvais chemin (mari) dans le mariage. Sur le chemin du travail, si Dieu dirige votre chemin parce que vous craignez le Seigneur de tout cœur, vous ne prendrez pas le mauvais chemin et ne profiterez jamais de ce que vous faites.

La crainte (respect ou crainte) du Seigneur tient compte d'un vaste arrangement de votre vie. Chaque aspect de votre vie est affecté par le fait que vous craigniez ou non le Seigneur. Dans le Corps du Christ, c'est un sujet très grave. Beaucoup d'enfants de Dieu sont retenus prisonniers du Corps du Christ par le diable. L'un des outils préférés du diable est l'outil de la tradition.

Vous avez peut-être grandi dans une église où ils n'enseignaient pas la guérison. Alors le diable vous met la maladie et vous l'acceptez. Selon la Parole de Dieu, Jésus a porté notre maladie et nos maladies sur la croix. Chaque année, ce pays se prépare à la grippe. Pourquoi? Je peux répondre à cette question, aucune révélation de la Parole de Dieu. Les chrétiens font la queue pour se faire vacciner contre la grippe quand le grand médecin guérit toutes nos maladies. Qui es-tu, qui fait la queue pour le vaccin antigrippal, des prisonniers de guerre dans le corps de Christ? Nous croyons qu'un vaccin antigrippal est nécessaire pour ne pas attraper la grippe.

Il a personnellement porté nos péchés dans son (propre) corps sur l'arbre (comme sur un autel et s'est offert sur celui-ci), afin que nous puissions mourir (cesser d'exister) de pécher et vivre dans la justice. Par ses blessures, vous avez été guéri (1 Pierre 2:24).

Si vous êtes guéri, alors vous n'êtes pas malade. Si vous êtes guéri, vous n'avez pas de maladie. La grippe est une maladie qui sévit dans le monde. Vos frères et sœurs ne font pas
partie du monde. Les Écritures disent que nous vivons dans le monde, mais que nous ne faisons pas partie du monde. Votre maison est le ciel et vous vivez dans le royaume de Dieu.

Ce que vous ne reconnaissez pas, c'est que vous vivez dans deux royaumes en même temps. Lorsque vous êtes né dans ce monde, vous êtes né dans le royaume de ce monde (physiquement) et lorsque vous êtes né de nouveau, vous êtes né de manière surnaturelle dans le royaume de Dieu (spirituellement).

Vous devez reconnaître que Dieu est votre source pour tous vos besoins. Vous devez chercher Dieu et non l'homme. Dieu a donné une graine (Jésus) afin d'obtenir une
récolte (vous et moi). Nous faisons partie de la famille de Dieu.

Mais cherchez (visez et poursuivez) avant tout son royaume et sa justice (sa façon de faire et d'être juste), et ensuite toutes ces choses prises ensemble vous seront données en plus (Matt. 6:33).

Pourquoi Dieu a-t-il fait cette déclaration! Parce que nous vivons dans ce monde, mais nous ne faisons pas partie de ce monde lorsqu'il s'agit d'obtenir ce dont il a besoin pour survivre. Si nous suivons les principes de Dieu, nous n'aurons jamais besoin de rien. Le problème est que nous ne suivons pas le principe de Dieu, mais que le principe du monde tombe donc sous l'attaque du diable et est fait prisonnier de guerre alors même que nous sommes dans le Corps du Christ.

Environ vingt pour cent du corps du Christ sont des dîmes! Dieu dit que vous êtes un voleur si vous ne dîmez pas. Vous privez Dieu de ce qui lui appartient déjà et vous privez également l'occasion de vous bénir. Dieu demande les dix premiers pour cent de votre salaire brut, pas ce que vous croyez devoir lui donner. Pas dix pour cent de votre salaire net, mais dix pour cent de votre salaire brut. Si vous ne dîmez pas, vous êtes un prisonnier de guerre dans le corps de Christ. Penses-y un moment!

Un prisonnier de guerre n'a pas les mêmes droits qu'une personne qui n'est pas un prisonnier de guerre. Un prisonnier de guerre est limité dans ce qu'ils mangent et où ils vont. Ils doivent répondre à quelqu'un qui ne fait pas normalement partie de leur chaîne de commandement. Vous empêchez Dieu, en ne dîme pas, d'être le commandant en chef de votre vie. Dans le livre de Malachie, cela est mis avec tant de grâce; Malachie 3: 8-9 dit:

Un homme va-t-il voler ou escroquer Dieu? Pourtant, vous me volez et me fraudez. Mais vous dites, de quelle manière est-ce que nous vous volons ou nous fraudons? (Vous vous êtes abstenu) les dîmes et les offrandes. Vous êtes maudit avec la malédiction, car vous me volez, même cette nation entière.

Quel droit as-tu alors de demander à Dieu de t'aider à débarrasser ton fils ou ta fille de la drogue? Dieu nous aime, mais il est un Dieu saint et a appliqué la loi de semer et de récolter. Si vous semez le vol, vous récolterez le vol.

Maintenant, pouvez-vous comprendre pourquoi les choses ne se passent pas pour vous? Découvrez la malédiction avec laquelle vous vous êtes maudit si vous ne dîmez pas. Satan a aussi des prisonniers de guerre dans le monde, mais il n'y a aucune raison pour que les prisonniers de guerre existent dans le Corps du Christ. Vous n'êtes pas obligé de rester dans le camp de prisonniers de guerre, vous pouvez échapper à la liberté.

La voie d'évacuation est la Parole de Dieu! Étudiez la Parole de Dieu pour pouvoir connaître les promesses de Dieu qui vous appartiennent. Pourquoi avons-nous des prisonniers de guerre dans le corps de Christ? Les gens ne connaissent pas les promesses de Dieu qui leur appartiennent. Dieu ne veut pas que tu sois malade ou fauché. Dieu veut que tu lui apportes la gloire. Un chrétien malade ou cassé n'apporte pas la gloire à Dieu.

C'est ici que cet outil de la tradition entre en jeu: "Dieu a mis cette maladie sur moi pour me montrer quelque chose." Je suis désolé, sœur ou frère, mais pouvez-vous me dire une chose? Comment Dieu peut-il vous mettre la maladie quand Jésus a pris toutes les maladies dans son corps afin que vous n'ayez pas à la prendre dans votre corps?

Si Jésus a pris des maladies et des maladies dans son corps, ils ne m'appartiennent pas et, quand ils essaient de venir sur moi comme ils le voudront, j'ai un nom qui est au-dessus de tout nom et qui fera que quelque chose quitte mon corps, le nom de Jésus.

Croyez la Parole de Dieu, car c'est le pouvoir de salut! Jésus nous a donné son nom à utiliser. En cour de justice, ce terme est une procuration. Quand quelqu'un vous donne la procuration, vous agissez au nom de cette personne. Donc, quels que soient les droits de cette personne qui vous a appartenu pendant que vous agissez en son nom. Nous avons les mêmes droits que Jésus au diable.

Obtenez ceci, Jésus a vaincu le diable. Si Jésus a vaincu le diable, nous avons vaincu le diable et nous ne devons rien enlever à lui. La Parole de Dieu dit que le diable est gâté et a vaincu l'ennemi. Je vous prie, frère et sœur, de prendre la place qui vous est assignée dans le Corps de Christ et de prononcer la Parole pour réclamer toutes les promesses de Dieu qui vous appartiennent. Dieu n'a pas donné sa semence (Jésus) pour obtenir la moisson (vous et moi) pour rien. Nous devons partir comme Caleb et réclamer notre montagne (N ° 13). Alors qu'Israël essayait de posséder la terre promise, douze sont allés de l'avant pour explorer le pays. Dix sont devenus des prisonniers de guerre et deux non. Les noms des deux qui ne sont pas devenus des prisonniers de guerre des circonstances sont écrits dans la Bible, mais vous ne connaissez pas les noms des dix qui sont devenus des prisonniers de guerre des circonstances. Pourquoi? Un perdant n'est jamais glorifié. Dieu glorifiera toujours un gagnant.

Vous devez vous rappeler que vous n'appartenez pas au royaume des ténèbres. Vous appartenez au Royaume de Dieu, acheté par le sang de Jésus-Christ, notre Seigneur et Sauveur.

Une autre catégorie de prisonniers de guerre dans le Corps du Christ est le mariage! Les mariages chrétiens, qui sont censés durer éternellement, se terminent par un divorce au même rythme que les mariages dans le monde. Quoi de neuf? Nous sommes censés être une lumière pour le monde. Qu'est-ce que ça veut dire? Je crois que lorsque le monde regarde les mariages du Corps du Christ, ils sont supposés voir une lumière d'amour et de joie et non de haine et de divorce. Le monde doit se tourner vers l'Église pour obtenir des conseils dans tous les domaines.

Si les enfants du royaume de Dieu divorcent aussi vite que les enfants du monde, à qui peuvent-ils s'adresser? Pourquoi divorçons-nous aussi vite que les enfants du monde? Beaucoup sont des prisonniers de guerre dans cette région. Ils ne vont pas arranger les choses comme le dit la Parole ou prendre conseil auprès d'hommes oints ou de femmes de Dieu. Ils vont chez les impies pour obtenir des conseils et récoltent ce qu'ils sèment. Les conseils divins ont produit des résultats pieux et impies le conseil produit des résultats impies.

Si vous êtes un aigle, pourquoi allez-vous demander conseil aux poules? Ils ne cherchent pas non plus Dieu dans la situation. Nous devons comprendre que le mariage doit être fondé sur la Parole de Dieu. Il doit être construit sur une relation appropriée entre les partenaires du mariage et avec Dieu. Pour qu'un mariage fonctionne, il doit être fondé sur la Parole de Dieu. Il ne peut pas être construit sur des sentiments, des espoirs ou des rêves.

Nous sommes dans une bataille au moment où nous sommes nés dans ce monde. Rappelez-vous que nous sommes dans une bataille! De quel côté es-tu du côté de Dieu ou des démons? Vous pouvez être né de nouveau, rempli d'esprit et toujours être un prisonnier de guerre. Pourquoi? Si vous ne connaissez pas la Parole de Dieu le diable va essayer de vous tenir à l'écart et dans le camp du prisonnier de guerre du Corps du Christ. Les troupes qui ne sont pas des prisonniers de guerre entendent plus d'informations que celles retenues captives.

Si votre mariage est en difficulté, ne devenez pas un prisonnier de guerre. Réclamez les promesses de Dieu. Proverbes 15: 1, dit: Une réponse douce dissipe la colère, mais des paroles douloureuses attisent la colère. Proverbes 11:29, dit: Celui qui trouble sa maison héritera du vent, et l'insensé sera l'esclave de l'homme sage.

Ces deux Écritures sont des promesses de Dieu qui peuvent être utilisées dans votre mariage. Dites le mot! Je déteste la religion, mais j'aime une relation avec Dieu. Si nous lui disons la parole de Dieu, sa réponse nous est garantie. Dieu le Père aime entendre ses enfants lui dire sa parole, ainsi il peut répondre. Cela rend Dieu heureux d'entendre l'un de ses propres enfants lui parler. Soyez précis lorsque vous parlez de sa parole. La Parole dit que vous ne l'avez pas fait parce que vous ne demandez pas! Quand Jésus était sur le point d'être crucifié, il dit à Pilate quelque chose que chaque chrétien aujourd'hui devrait revoir. C'était ça:

C'est pourquoi Pilate lui dit: "Alors tu es un roi?" Jésus répondit: "Tu as raison de dire que je suis un roi. Pour cela, je suis né et pour cela, je suis venu au monde pour témoigner de la vérité. Quiconque est de la vérité écoute ma voix » (Jean 18:37).

Si vous êtes de la vérité, vous entendrez la voix du Seigneur et sortirez du camp de prisonniers de guerre pour entrer dans le camp du Seigneur. Pilate a demandé à Jésus de lui dire la vérité. La vérité se trouve dans la Parole de Dieu.

Il existe des règlements de la Force aérienne régissant les instructions relatives à la réalisation de chaque phase de votre travail. Dans le Corps du Christ, vous trouverez des instructions concernant la manière d'accomplir chaque phase de votre vie chrétienne: la Bible.

Dans l'armée de l'air, si vous ne suivez pas les instructions du Règlement de l'armée de l'air, vous risquez de perdre des options de carrière. Dans le Corps de Christ, si vous ne suivez pas la Parole de Dieu, vous risquez de perdre les promesses de Dieu qui sont ouvertes à tous les membres du Corps de Christ.

Supposons que Mlle Bucketmouth parle de vous et qu'une autre bouche vous en parle. Quelle est votre réponse pieuse? Le pardon! Si vous dites que vous ne pouvez pas pardonner, vous venez de vous laisser entrer dans le camp des prisonniers de guerre impitoyables.

Maintenant, disons que votre meilleure amie vous appelle et veut que vous priiez pour son fils qui est pris dans une secte. Votre ami sait que quand deux sont d'accord, il y a un pouvoir dans la prière. De nombreux membres de ce culte se sont déjà suicidés et beaucoup envisagent d'accomplir ce travail.

Vous ne pouvez pas aider votre ami si vous êtes impitoyable, car lorsque la vérité est dite, vous êtes un prisonnier de guerre dans le corps de Christ. Jésus a dit que si vous ne pardonniez pas, votre Père céleste ne vous pardonnera pas. Ainsi, lorsque vous vous entendez avec votre amie, seules les prières de ce dernier sont exaucées par le Père. Votre moitié de prière aurait pu être la partie qui libérerait le fils de votre ami de ce culte. Au lieu de cela, vous découvrez que le fils de votre ami s'est tué.

Pouvez-vous voir le sérieux d'être un prisonnier de guerre dans le corps du Christ? Tu t'es fait un prisonnier de guerre parce que tu ne pardonnerais pas.

Vous vous positionnez avec le diable et lui avez permis de vous emmener dans le camp de prisonniers de guerre, même ceux qui sont dans le Corps du Christ. Nous sommes tous des soldats dans l'Armée du Seigneur!

Vous pouvez venir à l'église chaque dimanche, mais en réalité, vous êtes un prisonnier de guerre. Vous n'êtes pas aussi efficace que ceux qui bénéficient d'une totale liberté des camps de prisonniers de guerre. Vous êtes un soldat au chômage qui est prisonnier de guerre dans le Corps du Christ. Vos prières ne sont pas aussi efficaces que les autres, vous ne faites pas de percée comme les autres; vous constatez que la maladie vous arrive régulièrement. Pourquoi? À l'insu de vous, le diable vous a dans le camp de prisonniers de guerre, à cause de votre désobéissance à la Parole de Dieu. Le diable a deux camps de prisonniers de guerre, l'un avec les chrétiens et l'autre avec son peuple. Son peuple n'a qu'une issue: Jésus! Les chrétiens n'ont qu'un moyen de sortir, obéissance à la Parole de Dieu!

Jésus a obéi au Père dans tout ce qu'il a fait. Nous devons suivre son exemple et obéir au Père pendant que nous sommes sur cette terre. Comment obtenez-vous l'obéissance dans votre vie en prononçant la Parole de Dieu? Si vous parlez de ce que la Parole de Dieu dit de vous, la victoire doit venir. Les promesses de Dieu ne manquent jamais! Découvrez ce que la Parole de Dieu dit à votre sujet et commencez à le confesser aujourd'hui, à vous et à votre famille.

La tradition en a tenu beaucoup au camp de prisonniers de guerre. Ma mère ou mon père ne l'a pas fait comme ça. Dans l'église à laquelle j'ai assisté pendant que je grandissais, le service n'a duré qu'une heure. Je pensais qu'ils étaient fous parce qu'ils parlaient en langues. Tout cela m'a amené à une chose: je connaissais Dieu, mais je ne connaissais pas Dieu.

Il y a une différence entre connaître quelqu'un et connaître quelqu'un. La tradition dans le Corps de Christ a amené beaucoup de membres à connaître Dieu, mais à ne pas connaître Dieu. J'ai reçu le Saint-Esprit quand je suis né de nouveau. Lorsque vous êtes né de nouveau, vous passez d'un incroyant à un croyant. Le Saint-Esprit est celui qui vous aide à entrer dans le Corps du Christ, mais il y a aussi le baptême du Saint-Esprit ou la réception du Saint-Esprit.

Paul, lors d'un de ses voyages, a rencontré certains des disciples de Jean-Baptiste et leur a posé une question importante. Avez-vous reçu le Saint-Esprit depuis que vous avez cru?

Je pourrais vous demander la même chose. Vous êtes né du royaume des ténèbres dans le cher Fils du Royaume de Dieu par le Saint-Esprit. Pour recevoir le baptême du Saint-Esprit, Luc 11:13 dit que vous devez le lui demander!

Un des dons du Saint-Esprit parle dans d'autres langues. Il y a une raison pour laquelle Dieu donne ce cadeau. En tant que parent, pourquoi offrez-vous des cadeaux à vos enfants? Tu les aimes. Dieu le Père n'est pas différent, il nous aime.

Jude 20 nous dit pourquoi il nous a donné d'autres langues. Mais vous, bien-aimés, bâtissez-vous sur votre très sainte foi (progressez, montez comme un édifice de plus en plus haut), en priant dans le Saint-Esprit.

Si vous ne croyez pas la Parole de Dieu et ne demandez à Dieu que le Saint-Esprit soit rempli ou baptisé, alors je dois vous dire une chose: le camp de prisonniers de guerre de la tradition vous serre fort. C'est peut-être serré mais c'est correct! Je n'ai écrit aucune Bible, mais je le crois de tout mon cœur.

Je ne savais pas parler avec d'autres langues. J'ai été élevé à la fois baptiste et sainteté. Je n'avais jamais entendu personne parler ou enseigner le baptême du Saint-Esprit avant de venir à Sacramento, en Californie. Je n'avais pas réalisé que j'étais un prisonnier de guerre dans la région du baptême du Saint-Esprit avant d'avoir reçu le baptême et d'avoir été libéré. Je suis chargé de libérer le plus de gens possible à travers le sang de Jésus et la puissance du Saint-Esprit. On ne m'a jamais demandé d'accepter Jésus comme mon Seigneur et mon Sauveur avant mes trente-deux ans.

Malheureusement, il y avait beaucoup de prisonniers de guerre sur mon passage. La Parole de Dieu dit d'étudier pour se montrer approuvé à Dieu. J'étais prisonnier de guerre dans le domaine de la dîme avant mon arrivée à Sacramento, en Californie, car personne ne m'avait enseigné la dîme.

Ce qui est si triste, c'est que j'étais sous le sort et que je ne le sache pas. Comme beaucoup d'entre vous qui lisez ce livre, vous ne pouvez progresser que dans la mesure de vos connaissances.

Beaucoup, et je veux dire beaucoup d'entre vous sont des prisonniers de guerre et ne le savent pas.

Demandez à Dieu Tout-Puissant, par le biais de son Saint-Esprit, de vous révéler les zones dans lesquelles vous avez permis au diable de vous emmener captif et de vous faire faire un prisonnier de guerre à cause de votre manque de connaissances. Dieu dit aussi que son peuple périt faute de connaissances! Je ne cherche pas à mettre quelqu'un, mais pour vous aider à obtenir tout ce que Dieu a pour vous. Dieu utilise des hommes et des femmes oints à travers le monde pour libérer son peuple. Il est fatigué de vous être en Égypte et en esclavage. Son fils a payé le prix tout prêt à vous libérer. Si une seule personne obtient la révélation de ce livre, cette personne peut libérer des milliers de personnes. Dieu veut que vous preniez la place qui vous revient dans son royaume. Trop d'entre nous sont hors de propos!

Un autre sujet vient à l'esprit: les femmes enseignantes ou pasteures! Paul, dans l'un de ses écrits, faisait appel à une femme qui était la dirigeante de l'église dans sa maison. Lorsque Paul a écrit la lettre, il avait affaire à des femmes mariées qui n'étaient pas des dirigeantes de l'église chez elles. Il leur expliquait le comportement correct d'une femme. Encore une fois, nous avons accepté la tradition transmise non pas la Parole de Dieu, mais la parole des hommes. Certes, Paul était un homme, mais comme tous ceux qui ont écrit la Bible, il était un homme utilisé par le Saint-Esprit. Le Saint-Esprit est l'auteur des lettres de Paul, Paul en est le coauteur. Comme d'autres livres de la Bible, le Saint-Esprit en est l'auteur.

Dieu a également utilisé les femmes pour faire passer Sa Parole. En fait, l'âge ou le sexe ne sont pas des facteurs qui concernent Dieu, le cœur est le facteur déterminant pour Dieu. Paul a reçu le Saint-Esprit et n'a jamais été le même! Regardez, quand il était Saul, il a tué des chrétiens, mais lorsque Dieu l'a changé, Dieu a changé son nom pour Paul et il est devenu le plus grand chrétien à avoir jamais vécu.

Paul était très attaché à la tradition et connaissait Dieu, mais ne le connaissait pas. Ce n'est que lorsqu'il a rencontré Jésus et reçu le baptême du Saint-Esprit que Paul est sorti des portes du camp de prisonniers de guerre de la tradition. La tradition a poussé une nation à tuer Jésus! La nation d'Israël fait toujours partie du camp de prisonniers de guerre, mais l'amour de Dieu pour cette nation n'a jamais cessé. Dieu aime toujours Israël aujourd'hui!

Les États-Unis d'Amérique ont prospéré en tant que nation parce qu'ils ont aidé la nation d'Israël. Dieu dit qu'il bénirait ceux qui bénissent la nation d'Israël. Dans quel camp de prisonniers tu es? Le Seigneur notre Dieu n'aime pas le fait que vous soyez dans un camp de prisonniers de guerre; Il vous veut libre de tout ce qui pourrait vous empêcher de recevoir toutes ses bénédictions. Combien d'entre vous qui lisez ce livre connaissent Dieu?

Pensez à ce que signifie connaître une personne. Vous passez du temps avec cette personne. Pour connaître Dieu, vous devez passer du temps avec lui. Vous devez l'adorer tous les jours et attendre qu'il vous conduise par son Saint-Esprit.

Je vous mets au défi de commencer aujourd'hui à entretenir une relation significative avec le Saint-Esprit et Dieu le Père, Dieu le Fils. Seul le Saint-Esprit peut vous dire quels domaines de votre vie spirituelle sont devenus des prisonniers de guerre.

Un autre domaine où beaucoup échouent concerne la Bible. Je crois ce que dit la Bible, même si je ne l'ai pas écrite. Tout problème que vous pouvez avoir, vous devez aborder avec Dieu. Si vous croyez en la Parole de Dieu, vous serez libéré de l'esclavage du diable (camps de prisonniers de guerre).

Les finances sont un gros! Dieu n'essaye jamais de vous prendre quelque chose, il essaie toujours de vous donner quelque chose. Pensez-y un instant: Abraham était riche, David était riche, Salomon était également riche. Tous ces hommes étaient des serviteurs du Dieu suprême.

Nous appartenons à la postérité d'Abraham. Nous avons été greffés dans la famille de Dieu pour que les bénédictions d'Abraham nous parviennent. Dieu a rendu Abraham riche à cause de son obéissance et il fera de même pour nous si nous sommes obéissants. J'irais même jusqu'à dire que les trois quarts du Corps du Christ sont des prisonniers de guerre dans le domaine des finances. Ils sont tenus captifs par le diable pour les empêcher d'établir l'alliance de Dieu sur la terre. Nous avons des ventes de pâtisseries lorsque Dieu a dit: Il nous donnera le pouvoir d'obtenir des richesses pour établir son alliance sur la terre. Sortir! La Parole de Dieu dit de sortir parmi eux et n'entre plus. Nous ne devons pas être un prisonnier de guerre, mais un guerrier dans l'armée du Christ. Prenez votre place légitime dans l'armée du Seigneur. Nous devons être la tête et non la queue, en haut seulement et pas en dessous.

Chapitre 18
La peur du seigneur

Quelle est la crainte du Seigneur? Dans Jérémie 4:22, Dieu dit: Car mon peuple est fou, ils ne m'ont pas connu. Ce sont des enfants stupides et ils ne comprennent pas. Ils sont sages pour faire le mal mais pour faire le bien ils n'ont aucune connaissance.

Chaque personne qui a la crainte du Seigneur en eux est bénie. Quelques exemples de personnes qui avaient la crainte du Seigneur sur eux étaient: Noé (Hébreux 11: 7); Abraham (Genèse 22:12); Jacob (Genèse 28: 16-17); Joseph (Genèse 42:18); David (Ps. 57;) Abdias (1 Rois 18:12); Job (Job 1: 8); Néhémie (Néh. 5-15); Premiers Chrétiens (Actes 9:31). Ces hommes ont été habilités avec la capacité de Dieu pour faire le travail. Tous et chacun, y compris les premiers chrétiens, ont été bénis - non seulement spirituellement, mais matériellement. Abraham a été appelé l'homme le plus riche de son temps ainsi que David. Proverbes 8:34 est une autre Écriture qui convenait à ces hommes, dit: Béni soit l'homme qui m'écoute.

Cette crainte du Seigneur est une crainte ou un respect pour le Seigneur. J'étais un jeune garçon qui a eu des difficultés à l'école. Je suis diplômé mais je n'étais inscrit au tableau d'honneur de personne. Je ne savais pas qui j'étais vraiment. Tout cela a changé quand j'ai reçu le remplissage du Saint-Esprit de Dieu.

Je crois que le Saint-Esprit vous amène à prendre conscience de la crainte du Seigneur. Sans lui, je ne pense pas que vous ayez une révélation claire de la crainte du Seigneur. Regardez autour de vous dans les nombreuses églises qui ne croient pas en la plénitude du Saint-Esprit. Beaucoup de personnes dans le Corps du Christ n'ont pas la crainte (respect ou respect) du Seigneur à leur place.

La crainte du Seigneur est le début de la sagesse. Regardons cette dernière déclaration. Si vous ne respectez pas quelqu'un vous ne pouvez pas recevoir de cette personne, même si cette personne essaie de vous donner quelque chose, il vous serait impossible de recevoir de cette personne, car vous ne la respectez pas.

Dieu le Père essaie toujours de nous faire parvenir quelque chose, mais si nous ne le respectons pas, nous ne pouvons pas le recevoir. Si nous demandons à Dieu sa sagesse, mais que nous ne le respectons pas, il nous est impossible de recevoir.

Pouvez-vous voir pourquoi de nombreuses églises en Amérique ne montrent pas la gloire de Dieu? Ils sont passés de respecter Dieu à se respecter eux-mêmes. Dieu veut que nous l'honorions et il verra que vous avez reçu cet honneur. Si vous craignez (respectez) le Seigneur, vous garderez ses voies, pas les vôtres. Où est la sagesse? Avec le Seigneur! Si vous n'allez pas à lui parce que vous ne le craignez pas, il ne peut pas vous donner la sagesse pour une vie réussie. Une vie qui dépasse tous les domaines de votre vie.

Pourquoi les gens dans le Corps du Christ ont-ils autant de divorces dans le monde? Manque de sagesse! Beaucoup de nos frères et sœurs ont des époux mariés, ce qu'ils n'étaient pas supposés avoir. Il n'est pas étonnant que le monde soit une ville de divorce, ils n'ont pas la sagesse de Dieu! Nous avons et pouvons recevoir la sagesse de Dieu!

Un peu plus tôt, nous avons examiné nos droits. La sagesse de Dieu est un droit auquel chaque croyant a droit. Je ne veux offenser personne, mais sans la sagesse de Dieu, vous n'avez aucune chance dans votre mariage. Le diable fait des heures supplémentaires pour détruire les mariages parce qu'ils représentent une relation d'alliance. Il déteste les mariages et tous ceux qui les contractent. Peu lui importe où vous vous trouvez. Tout ce qui compte pour lui, c'est qu'il puisse vous atteindre et causer des conflits et de la confusion.

Si vous craignez le Seigneur, vous suivrez sa parole. Sa Parole ne donne le droit de divorcer que pour l'adultère, toutes choses étant égales par ailleurs. Si vous appliquez la sagesse de Dieu et l'amour de Dieu à votre mariage et invitez Jésus dans votre mariage, votre mariage est à l'abri du divorce.

Définition forte de la sagesse, connaissance guidée par la compréhension.

Proverbes 9:10, dit; La crainte du Seigneur est le début de la sagesse, et la connaissance du Saint est la compréhension. Pensez un instant à la définition de la sagesse: une connaissance guidée par la compréhension. À qui la connaissance est-elle guidée? Ce sont des hommes. Par la compréhension de qui? C'est à Dieu. Dieu prend notre connaissance et la guide par sa compréhension.

C'est ainsi que vous pouvez prouver votre mariage en cas de divorce. Permettez à Dieu d'utiliser votre connaissance avec sa compréhension pour prendre chaque décision dans votre mariage. Assurez-vous que chaque décision prise par vous et votre conjoint sera couronnée de succès. Vous ne pouvez pas vous tromper avec Dieu de votre côté. La crainte du Seigneur est de respecter le Seigneur et de lui permettre de prendre des décisions dans votre vie.

En tant que croyants, il n'y a aucune excuse pour ne pas avoir la sagesse de Dieu dans votre vie. Si vous respectez quelqu'un, vous lui permettrez de vous donner des instructions pour la vie. Tout ce que Dieu veut, c'est que nous venions à lui. Il a dit, nous pouvons prier pour la sagesse (Col. 1: 9); si nous manquons de sagesse, nous pouvons le demander (Jas. 1: 5).

Quelle est la valeur de la sagesse? Selon Proverbes 3:13, la sagesse nous donnera le bonheur. Selon Proverbes 5:16, la sagesse nous gardera du mal. Selon Proverbes 8:11, la sagesse vaut mieux que les rubis. Selon Proverbes 16:16, la valeur de la sagesse est supérieure à celle de l'or. Selon Ecclésiaste 7:12, la sagesse donne la vie. Selon Ecclésiaste 7:19, la sagesse nous rend forts. Selon Ecclésiaste 9:18, la sagesse vaut mieux que les armes. Selon Esaïe 33: 6, la sagesse assure la stabilité dans votre vie. Selon Jacques 3:17, la sagesse produit de bons fruits dans votre vie. Enfin, la sagesse produit des bénédictions et des faveurs dans votre vie.

Si vous craignez (respectez ou respectez) le Seigneur, vous êtes sur la bonne voie pour que la sagesse circule dans tous les domaines de votre vie. Ne prenez pas une attitude qui veut être indépendante du Seigneur. Ne faites rien sans la compréhension guidée du Seigneur. Si vous vous permettez d'adopter cette attitude, il n'y aura rien que vous ne puissiez faire ou avoir. Pourquoi? Parce que tu es à l'écart et qu'El Elyon dirige tes pas. Quand El Elyon (le Dieu suprême) dirige vos pas, chaque pas frappe le chemin direct de la vie. Vous ne fléchissez pas à gauche ou à droite. Vous restez droit sur le chemin de la justice. Vous ne manquerez pas une étape!

Comment cela peut-il être accompli? Par la crainte du Seigneur. C'est le seul moyen de vous assurer de suivre le plan et le but que Dieu a pour votre vie. Si vous voulez savoir que vous savez que vous suivez le plan et le but de votre vie, commencez juste à craindre (à respecter ou à craindre) le Seigneur et à voir ce qui se passe.

La sagesse sur la façon de gérer vos enfants viendra à vous. La sagesse sur ce qu'il faut porter au travail ou à l'école ce jour-là viendra à vous. La sagesse sur le ministère dans lequel vous devriez être engagé viendra à vous. La sagesse sur qui dater et qui ne datera pas viendra à vous. La sagesse sur ce que les cours à prendre au lycée ou au collège viendra à vous. La sagesse sur ce que les entreprises pour commencer viendra à vous. La sagesse sur la façon d'être un meilleur mari ou une meilleure femme viendra à vous.

La crainte du Seigneur vous rendra intelligent. Pourquoi? Parce que la sagesse vient à vous, qui est votre connaissance guidée par la compréhension de Dieu. Quelle que soit la situation il doit se mettre en ligne, lorsque notre connaissance est guidée par Dieu, la compréhension apparaît.

Pouvez-vous voir pourquoi le diable essaiera de tout ce qu'il sait pour empêcher un chrétien de demander la sagesse de Dieu ou de craindre le Seigneur? Si vous vous êtes échappé du royaume des ténèbres, il ne veut pas que vous vous connectiez avec Dieu. Comment pouvez-vous vous connecter avec Dieu? En le craignant.

La sagesse commence lorsque vous commencez à craindre le Seigneur. Quand vous commencez à craindre le Seigneur; vous allez commencer à demander au Seigneur. Lorsque vous commencerez à demander au Seigneur, vous recevrez du Seigneur. Que recevrez-vous? Sagesse!

Si la sagesse est une connaissance guidée par la compréhension, vous et moi devons le demander. Si vous ne demandez pas la Sagesse, qu'avez-vous? La connaissance qui n'est pas guidée par la compréhension. D'autres mots que vous n'avez pas la compréhension d'appliquer à la connaissance pour que la décision parfaite soit formée. Pourquoi? Vos décisions sont un coup dans le noir, certains frappent leur but, certains manquent leur but. Regardez la vie, c'est ce qui se passe dans la vie de nombreux chrétiens. Pourquoi? Parce qu'ils ne sont jamais entrés dans la révélation de la crainte du Seigneur dans leurs vies. Sans ce problème majeur réglé dans votre vie; votre marche chrétienne aura cinquante-cinquante ans. Parfois, vous frappez la cible, mais parfois, vous la ratez. Est-ce que cela ressemble au meilleur de Dieu pour votre vie? Si vous ne comprenez pas quelque chose vous ne pouvez pas prendre de bonnes décisions.

Le diable veut que vous pensiez que vous pouvez prendre les bonnes décisions sans le Seigneur. Une fois que vous avez pris l'appât, votre bonne décision se transforme en une mauvaise décision. Pensez à ce que le diable a dit à Ève. Il nous dit la même chose, dit-il à Ève. Sa raison, pour nous amener à contester l'autorité de Dieu. Si nous ne sommes pas liés à Dieu, notre connaissance n'est pas guidée par la compréhension de Dieu. Regardez n'importe quelle grande ville des États-Unis d'Amérique. Vous verrez plus de sans-abri dans les rues d'Amérique que jamais auparavant. Pourquoi? Leur connaissance n'est pas guidée par la compréhension de Dieu. Vous pouvez dire qu'ils craignent le Seigneur, mais craignent-ils vraiment le Seigneur? Vous savez peut-être que certains craignent le Seigneur, mais je veux vous lancer un défi. La peur est la crainte ou le respect de quelqu'un. La plupart des gens dans les rues de Sacramento, en Californie, ne respectent ni ne craignent le Seigneur. Ils pensent de soi et seulement de soi. Ils se sont faits dieu et n'ont pas permis à Dieu de les aider.

Je n'essaie pas d'être dur avec eux ou cruel. J'aime les aider, mais je sais qu'ils ne respectent pas le Seigneur comme ils le devraient. Est-ce que vous respectez le Seigneur comme vous le devriez? Si vous le faites, vous ne volerez pas, ne tricherez pas, ne bavarderez pas et ne méditerez pas. Pourquoi? Parce que Dieu nous a donné des commandements disant que nous ne ferions pas ces choscs. Si vous aimez le Seigneur, vous ne ferez pas ces choses. Un autre mot pour le respect est l'amour. J'aime le Seigneur, alors je ne pratique pas le mal. Je demande la sagesse de savoir gérer tous les aspects de ma vie. La crainte du Seigneur apportera de la bonté dans votre vie et fera vivre aux autres la même chose: ils verront votre lumière et voudront suivre votre lumière directement sur le chemin de la justice. Si vous craignez le Seigneur, cela amènera les autres dans la même crainte. Les gens voudront savoir comment vous allez être bénis et vous pourrez leur dire que c'est parce que je crains le Seigneur de tout mon cœur et de toute mon âme.

Chapitre 19
Qu'est-ce que la prière?

Pour prier, nous devons savoir ce qu'est la prière. La prière est une demande faite à Dieu. Vous pensez peut-être que j'ai demandé à Dieu et qu'il ne m'a pas répondu. Il y a des raisons à cela. Vous devez vous examiner. Avez-vous du pardon dans votre cœur? Une des exigences générales de la prière est un esprit impitoyable. Matthieu 6:14, dit; Si vous pardonnez aux hommes leurs offenses, votre Père céleste vous pardonnera également. J'aime la simplicité de la Parole de Dieu. Il est évident que si vous ne pardonnez pas aux autres de leurs offenses, notre Père céleste ne nous pardonnera pas. Donc, si nous venons à Dieu dans la prière sans pardonner, la première chose à faire est de pardonner à celui que vous avez besoin de pardonner avant de demander quoi que ce soit à Dieu. La première exigence est d'avoir un esprit pardonnant.

Nous savons tous que si nous avons péché dans nos vies, Dieu ne répondra pas à nos prières. Je veux parler d'autres domaines de notre vie qui empêcheront Dieu de répondre à nos prières. Nous voulons tous que nos prières soient exaucées et que Dieu soit satisfait de nos vies.

Le premier domaine que je souhaite examiner dans nos vies est l'égoïsme. Jacques 4: 3 dit; Vous demandez et ne recevez pas, parce que vous demandez mal, que vous puissiez le dépenser pour vos plaisirs. Pourquoi Dieu veut- il que nous soyons bénis? Nous pouvons donc être une bénédiction pour les autres. Je ne dis pas que Dieu ne veut pas que vous ayez quoi que ce soit, car c'est ce qu'il fait. C'est pourquoi il nous dit de rechercher à la fois son royaume et sa justice, afin de pouvoir apporter une bonne bénédiction à nos vies. Il veut que nous ayons des choses.

Quelle est l'attitude dans laquelle vous demandez? Vérifiez votre attitude! Avez-vous demandé à Dieu de vous tromper pour que vous puissiez le dépenser pour vous-même? Si vous êtes béni, vous pourrez ainsi bénir les autres membres du Corps de Christ ainsi que ceux du monde. Dieu nous a donné la richesse pour établir son alliance.

Vous ne devriez pas faire une prière égoïste, mais une prière non égoïste, afin que Dieu vous bénisse afin que vous puissiez être une bénédiction pour le Corps de Christ, ainsi que pour les autres dans le monde. Dieu est un Dieu saint; Son peuple doit être saint. Rappelez-vous une chose, c'est Dieu qui nous donne la richesse pour établir son alliance. Il sait déjà s'il peut vous faire confiance avec la richesse.

Si vous ne dîmez pas, ne vous attendez pas à ce que Dieu vous bénisse d'un million de dollars. Pourquoi? Parce que tu es un voleur de Dieu! Si je parle à une personne qui vérifiera l'esprit de son égoïsme dans son cœur, je considère ce livre comme un succès: cette personne peut le transmettre à une autre personne et cette personne à une autre. Le christianisme a commencé une personne à la fois. Une fois que vous aurez vérifié votre cœur, vous ne voudrez plus laisser l'esprit d'égoïsme demeurer. Une autre raison pour laquelle vous n'obtenez pas une réponse à vos prières est le doute. Jacques 1: 5-7 dit:

Si l'un de vous manque de sagesse, qu'il demande à Dieu, qui donne à tous avec libéralité et sans reproche, et elle lui sera donnée. Mais laissez-le demander avec foi, sans douter, car celui qui doute est comme une vague de la mer entraînée et balayée par le vent. Car ne laissez pas cet homme supposer qu'il recevra quoi que ce soit du Seigneur.

Si vous doutez, si le Seigneur veut faire quelque chose pour vous, vous ne recevrez rien du Seigneur. Le doute vous prive de tout ce que Dieu a prévu pour vous. Le doute attend à la porte de la prière et entre lorsque vous le permettez, vous pensez que le Seigneur ne doit pas vous bénir: moi, pas moi, il ne peut pas faire cela pour moi, je ne suis pas digne. Qui t'a dit ce mensonge? Réveillez-vous! Le diable essaie de voler votre demande à Dieu. S'il peut vous faire douter, bien que vos paroles puissent atteindre Dieu, la réponse ne reviendra pas de Dieu. Vous voulez que votre demande arrive et revienne de Dieu. Le doute est l'une des armes du diable utilise sur les chrétiens.

Peut-être avez-vous été très proche d'obtenir votre avancée souhaitée, mais le doute est apparu et a capturé votre foi. Êtes-vous malade de ne pas répondre à vos percées? Débarrassez-vous de l'esprit de doute.

Comment vous débarrasser de l'esprit de doute? En le confessant à Dieu. Le doute est l'opposé de la foi. C'est un péché. Que fais-tu du péché? Tu le confesses à Dieu (1 Jean 1: 9). L'égoïsme et le doute sont des péchés qui doivent être confessés à Dieu. Dieu dit: Il ne nous pardonnera pas seulement, mais il oubliera nos péchés. Lorsque nous les confessons à Dieu, nous nous remettons en règle avec Dieu.

L'esprit de doute veut remplacer Dieu. Tout ce que vous permettez de remplacer Dieu, vous permettez de devenir le numéro un dans votre vie. Si Dieu n'est pas le numéro un lorsque vous lui demandez une demande, vous demandez mal. Si vous avez des doutes lorsque vous demandez une demande de Dieu, vous avez remplacé Dieu comme numéro un dans votre vie.

C'est un mot que Dieu a beaucoup utilisé. Pourquoi? Parce que votre liberté de choix ne vous est pas enlevée par Dieu. Il veut que vous fassiez le bon choix. Nous pouvons faire les bons choix! Le choix sage et intelligent serait de ne pas douter.

La Parole dit que vous ne recevez rien du Seigneur quand vous doutez. Croyez-vous le mot ou pas? Un autre choix! J'ai choisi de croire la Parole de Dieu de tout mon cœur. Si Dieu l'a dit, alors c'est une affaire faite pour moi. Je crois que la Bible est Dieu qui parle à l'humanité. Le dieu de l'univers parle. Ne devrions-nous pas accorder une plus grande attention à ce qu'il dit? S'il dit qu'un homme qui doute ne recevra rien de Lui, alors que voudrait un homme qui ne doute pas de recevoir de Lui?

Dieu nous parle dans sa Parole depuis plus de 2000 ans. Si nous prenons le temps d'étudier la Bible, nous découvrirons quelle est la volonté du Seigneur pour nos vies. Si vous cherchez Dieu, vous le trouverez. Toute personne qui a toujours fait de Dieu sa priorité numéro un n'a jamais manqué de le trouver.

Un autre domaine que vous devez examiner vous-même est celui de la désobéissance. L'esprit de désobéissance existe depuis que Satan s'est révolté contre Dieu. En fait, l'esprit de désobéissance a commencé avec Satan. De Satan, cet esprit a coulé vers Adam et Ève. Nos premiers parents ont désobéi à Dieu et, en conséquence, cet esprit est présent chez chaque personne née sur cette terre aujourd'hui.

La rébellion est une branche, mais la désobéissance est la racine. En fait, l'égoïsme et le doute sont les deux branches, mais la désobéissance est la racine. Si vous vous débarrassez de la racine, les branches mourront.

Lorsque vous venez au Seigneur dans la prière, vous devez venir avec l'audace d'un lion. Jésus est mort pour vous donner cette audace. Tenez-vous devant le Seigneur avec l'action de grâces dans votre cœur dans la prière. La prière pour un croyant devrait avoir vingt-quatre heures sur vingt-quatre! Tout devrait être pris au Seigneur dans la prière. Ce que vous allez manger pour le dîner devrait être amené au Seigneur dans la prière. Jésus est le Seigneur dans tous les domaines de ta vie. Ce que vous allez porter pour travailler doit être présenté au Seigneur dans la prière. Jésus et le Père se soucient de ce que vous portez. Vous pourriez dire, frère James, que vous êtes allé trop loin. Je vous demande pardon, si Jésus est votre Seigneur, vous demanderez son aide dans tous les domaines de votre vie. Ne pensez-vous pas que Dieu sait si la robe ou le tailleur que vous portez aujourd'hui incitera quelqu'un à vous poser des questions à ce sujet? S'ils le demandent, ce serait le moment idéal pour rendre gloire à Dieu. Dieu sait tout. Il connaît la fin et le début. C'est comme ça: si vous êtes un parent, vous essayez déjà de le faire avec vos enfants. Dieu a été ses enfants essayent d'aller à. Il connaît déjà ton avenir. Pourquoi ne pas le laisser vous conduire dans la terre promise? Pourquoi voulez-vous rester en Égypte? Israël est resté dans le désert pendant quarante ans à cause de sa désobéissance. Ne restez pas dans le désert de la vie pendant vingt, quarante ou soixante ans à cause de l'esprit de désobéissance; priez-vous hors du désert et dans le pays de lait et de miel.

Chapitre 20
Communié avec le Père, le Fils et le Saint-Esprit

Les informations contenues dans ce dernier chapitre sont très importantes pour votre relation avec Dieu. Il est Dieu le Père, Dieu le Fils et Dieu le Saint-Esprit. Vous devez garder cela à l'esprit! Il est encore: Dieu le Père, Dieu le Fils et Dieu le Saint-Esprit. En tant que père, il est amour. En tant que Fils, il a pris notre place sur la croix. En tant que Saint-Esprit, il nous amène à lui-même.

Si vous ne le reconnaissez pas dans ces rôles, vous pouvez rater ce qu'il veut faire dans votre vie. Par exemple, Dieu le Père donne un ordre, Dieu le Fils prend l'ordre, Dieu le Saint-Esprit veille à l'ordre. Mais ils sont tous Dieu, et nous devons adorer et communier avec Dieu le Père, Dieu le Fils et Dieu le Saint-Esprit.

Ils étaient tous présents au début des temps. Ils étaient tous présents au baptême de Jésus par Jean-Baptiste. Je ne comprends pas comment Dieu peut être un, tout en fonctionnant en trois personnes, mais la Bible dit que oui, alors cela me suffit. Si Dieu l'a dit, alors c'est vrai. Le sujet de ce chapitre est la communion avec Dieu le Père, Dieu le Fils et Dieu le Saint-Esprit.

Comment fait-on cela? Le mot fraternité signifie passer du temps avec quelqu'un. Je parle non seulement de prier, mais de leur parler comme vous parlez à vos amis. Vous parlez à Dieu le Père, vous parlez à Dieu le Fils et vous parlez à Dieu le Saint-Esprit. Ils sont les première, deuxième et troisième personnes de la divinité. Tous doivent être adorés! Tous doivent être associés.

Encore une fois, la camaraderie signifie passer du temps ensemble. Nous devons passer du temps avec le Père, le Fils et le Saint-Esprit. Si vous passez du temps avec quelqu'un, vous le connaissez très bien. En général, les hommes ont plus de difficultés que les femmes à passer du temps avec la Divinité. Parce que vous devrez rester immobile et écouter ce que Dieu veut vous parler. Il est très important que vous accordiez ce temps à la Divinité, car c'est à ce moment-là que Dieu vous dit ce qu'il veut faire dans votre vie (but de la vie). Dieu a un plan et un but pour chaque personne sur cette terre. C'est à nous de découvrir ce plan et ce but.

L'un des moyens par lesquels nous pouvons découvrir le plan et le but de Dieu pour notre vie est d'adorer et de communier avec la Divinité. Vous pouvez commencer par remercier Dieu pour tout ce qu'il a fait pour vous. Si vous respirez son air en ce moment, il a fait quelque chose pour vous. Vous pourriez être mort! Nous oublions la bonté de Dieu. Il est si miséricordieux envers nous et nous sommes si ingrats. Plusieurs fois, nous piétinons le sang de Jésus par notre conduite. Son sang était un prix précieux à payer pour l'humanité. Nous devrions être reconnaissants que Jésus ait traversé tout ce qu'il a fait pour nous ramener à un bon classement avec Dieu le Père.

Si vous n'avez pas adoré le Seigneur aujourd'hui, veuillez commencer. C'est une expérience extraordinaire de vous mettre de côté, de résoudre vos problèmes et de vous livrer au Seigneur dans un culte. Il aime que ses enfants l'adorent en esprit et en vérité.

Lorsque vous passez du temps avec le Seigneur en lui disant à quel point vous l'aimez, vous obtenez un bonheur que rien ne peut changer. Cet apogée vient de votre relation avec le Seigneur et c'est génial. Je ne peux pas vous dire ce que vous ressentez, vous devez en faire l'expérience par vous-même. C'est toi et Dieu! L'amour qu'il a pour ses enfants se ressent réellement dans votre esprit, votre âme et votre esprit. Vous devez faire l'expérience de ce qu'est la communion avec le Seigneur.

Personne ne peut savoir que tu aimes Jésus! Il est le plus grand de tous les temps. La communauté vous fait prendre conscience de tout ce que Dieu a pour vous. Commencez aujourd'hui, passez au moins trente minutes en communion avec le Seigneur. Juste toi et Lui en communion comme vous ne l'avez jamais expérimenté auparavant. Lorsque vous êtes en communion avec Dieu, vous êtes changés et vous ne serez jamais, jamais, jamais les mêmes. Je peux dire ceci: Dieu ne changera pas, mais vous serez changé et irez au prochain niveau de votre vie.

A propos de l'auteur

James Henry Lincoln, Sr est né à New Castle, PA. Il est diplômé du lycée de New Castle. Après avoir obtenu son diplôme, il s'est enrôlé dans l'armée de l'air américaine et a pris sa retraite au grade de maître sergent. James a passé 22 ans au total dans l'armée de l'air américaine et s'est rendu dans des pays tels que la Corée, le Japon, Okinawa et Hawaii.

En poste dans l'État de l'Ohio, James a subi une transformation radicale lorsqu'il a accepté le Seigneur Jésus-Christ dans sa vie. James est passé d'une personne arrogante à une personne humble. Un homme qui ne s'intéressait autrefois qu'à lui-même, à une personne qui se soucie du bien-être des autres. Dépassé par la maladie mentale de sa première femme, James tendit la main vers le Seigneur. James a ensuite été transféré de l'État de l'Ohio à l'État de Californie.

Après avoir passé trois ans dans l'État de Californie, James a été transféré en Corée du Sud pour un an. De retour en Californie après un an en Corée du Sud, James et sa première femme ont divorcé. Le 23 août 1986, James et Gwendolyn (Palmer) Tyler se sont mariés à South Lake Tahoe, en Californie. James ne le savait pas à l'époque, mais Gwendolyn était la réponse à une prière qui avait eu lieu il y a quelques années: James avait prié le Seigneur concernant la relation de sa première femme avec le Seigneur. L'amour de James pour le Seigneur l'a amené à demander au Seigneur de donner à sa femme le même amour que lui. Sa femme actuelle était cette personne.

Le 19 avril 1992, Gwendolyn a accepté le Seigneur Jésus-Christ dans sa vie.

C'est une femme qui aime et cherche le Seigneur de tout son cœur. Exactement ce pour quoi James avait prié.

James et Gwendolyn ont uni leurs familles et ils ont cinq enfants: James Jr, Andrew, Ava, Anthony et Michael. James Jr et Andrew venaient du premier mariage de James et Ava et Anthony du premier mariage de Gwendolyn. Ava et Anthony ont été adoptés par James quand ils étaient jeunes. Tous les enfants sont maintenant grands. James et Gwendolyn sont mariés depuis près de vingt-neuf ans. James a été appelé au ministère de l'Évangile en tant qu'évangéliste-enseignant en août 1994 et a été autorisé à exercer la fonction de ministre au Calvary Christian Center le 7 juin 1997.

James sert sous la direction du pasteur Phillip G. Goudeaux au Calvary Christian Center à Sacramento, en Californie. James est en passe de devenir un conférencier motivateur et un auteur qui inspire et encourage les gens à être tout ce que Dieu les a appelés à être.

Ressources

Dictionnaire Expository Vines. Copyright © 1985 par Thomas Nelson, Inc., Éditeurs.

Une révision d'un dictionnaire d'expositions de mots bibliques © 1984 Thomas Nelson, Inc.

Une compilation du dictionnaire des exposants de Nelson de l'Ancien Testament
© 1980 par Thomas Nelson, Inc.

Dictionnaire descriptif des mots du Nouveau Testament © 1983, quatrième impression. Publié à Nashville, Tennessee, par Thomas Nelson, Inc., Publishers. Distribué au Canada par Lawson Falle, Ltd., Cambridge, Ontario.

La concordance exhaustive de la Bible par le nouveau fort.
© 1990, Thomas Nelson Publishers.

Le thésaurus collégial de Merriam Webster. © 1980 par Merriam-Webster Inc.

Éditer par: Maple Leaf Publishing Inc.
3rd Floor 4915 54 Street
Red Deer, Alberta T4N 2G7, Canada

https://mapleleafpublishinginc.com
Pour commander: 1-(403)-356-0255

N° ISBN : 978-1-77419-012-8

Dépôt légal : 20/09/2019

Traduction de l'Anglais par **Frédéric Bar**

Couverture : **Van Empasis**

Maquette : **Frédéric Bar**

www.ingramcontent.com/pod-product-compliance
Lightning Source LLC
Chambersburg PA
CBHW070907080526
44589CB00013B/1209